小生意大智慧

新创企业
管理培训
中心

组织编写

小而美的生意

美意

便利店

U0319629

 化学工业出版社

·北京·

内容简介

《小而美的生意·便利店》一书系统梳理了开设一家便利店的各个环节，旨在为新手创业者提供全面的指导和参考。从经营前的市场分析到经营中的问题解决，再到经营后的策略调整，本书将帮助创业者迅速从入门到精通，轻松打造属于自己的、独具特色的小门店。

本书内容丰富，具体包括商圈调查与分析、市场定位与规划、店铺选址与装修、开业筹备与宣传、商品采购与库存、商品分类与陈列、员工管理与维护、日常运营与管理、顾客接待与服务、市场营销与推广、业务拓展与探索、风险防控与合规、持续发展与扩张等。

本书着重突出可操作性，是一本非常实用的开店指导手册和入门工具书；文字的图表化，简化了阅读难度，提升了阅读效率；本书适合创业者、上班族，以及对开店感兴趣的读者阅读，可以让读者掌握应知应会的开店知识。

图书在版编目（CIP）数据

小而美的生意. 便利店 / 新创企业管理培训中心组织编写. -- 北京：化学工业出版社，2024. 9. --（小生意大智慧）. -- ISBN 978-7-122-46011-0

Ⅰ. F717.5

中国国家版本馆 CIP 数据核字第 2024E97K84 号

责任编辑：陈　蕾　　　　　　　　装帧设计：溢思视觉设计／程超
责任校对：王　静　　　　　　　　　　　　　E-mail: isstudio@126.com

出版发行：化学工业出版社（北京市东城区青年湖南街 13 号　邮政编码 100011）
印　　装：三河市双峰印刷装订有限公司
880mm×1230mm　1/32　印张 $6\frac{1}{2}$　字数 149 千字
2024 年 9 月北京第 1 版第 1 次印刷

购书咨询：010-64518888
售后服务：010-64518899
网　　址：http://www.cip.com.cn
凡购买本书，如有缺损质量问题，本社销售中心负责调换。

定　　价：39.80 元

开家小店，投资小，见效快！

在电子商务蓬勃发展的今天，小而美的生意模式既适合实体店运营，也能轻松拓展至线上平台，成为年轻人投资创业的热门选择。此类项目以其投资少、回报高的特点，备受青睐。

小而美的生意模式，顾名思义，其投资成本相对较低，风险较小，且经营方式灵活多变。这种模式对启动资金要求不高，降低了创业门槛，使更多人有机会参与其中。同时，由于专注于某一细分市场或特定需求，它们的市场风险相对较低。经营者可根据市场变化灵活调整经营策略，保持业务的灵活性。虽然规模较小，但通过精细化的管理和优质的服务，这类小店往往能实现稳定的收益，并在激烈的市场竞争中脱颖而出。

然而，经营小而美的生意并非易事，需要创业者具备敏锐的市场洞察力、创新精神和卓越的管理能力。这些能力并非人人天生具备，但通过学习和实践，每个人都可以逐渐掌握。

为此，我们特别组织了一线从业人员和培训老师，编写了《小而美的生意·便利店》一书，本书系统梳理了开设一家便利店的各个环节，旨在为新手创业者提供全面的指导和参考。从经营前的市场分析到经营中的问

题解决，再到经营后的策略调整，本书将帮助创业者迅速从入门到精通，轻松打造属于自己的、独具特色的小门店。

本书内容丰富，具体包括商圈调查与分析、市场定位与规划、店铺选址与装修、开业筹备与宣传、商品采购与库存、商品分类与陈列、员工管理与维护、日常运营与管理、顾客接待与服务、市场营销与推广、业务拓展与探索、风险防控与合规、持续发展与扩张等。

本书着重突出可操作性，是一本非常实用的开店指导手册和入门工具书；文字的图表化，简化了阅读难度，提升了阅读效率；本书适合创业者、上班族，以及对开店感兴趣的读者阅读，可以让读者掌握应知应会的开店知识。

由于作者水平所限，不足之处敬请读者指正。

编　者

目 录

◇◇◇◇◇◇◇◇◇◇◇◇◇◇◇◇◇◇◇◇◇◇◇◇

第
13
章
持续发展与扩张 ／ 181

第 1 章

商圈解码与趋势洞察

关键词：
界定范围
了解需求
科学分析

便利店能否在市场中立足，商圈调查与市场评估十分重要。商圈是指便利店附近的交易范围和规模。

【要点解读】▶▶▶ -

1 商圈构成解析：深度剖析，解构商圈

所谓商圈，指以店铺为圆心，以向外延伸的某一距离为半径构成的圆形消费圈。店铺的绝大部分购买力来自该区域消费者。

商圈的界定受各种因素制约，其形状往往是不规则的。但从理论上说，商圈有三个层次，可以用三个同心圆来表示，确定各层次的半径距离很关键，如图1-1所示。

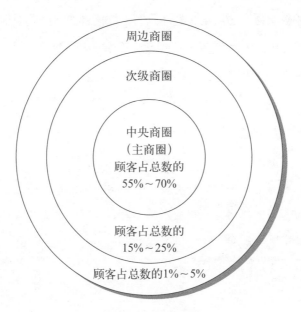

图1-1　商圈图

　　以居民小区的店铺为例，通常主商圈的半径为500米，次级商圈的半径为1000米，周边商圈的半径为1500米，步行所需时间分别为8分钟、15分钟、20分钟左右，如表1-1所示。此外，也有来自商圈之外的购买力，如流动购买力、特殊关系购买力等，但所占比重很小。

表1-1　商圈范围构成表

商圈构成	特点	商圈半径	步行时间	顾客比例
主商圈	核心商圈	500米	8分钟	顾客占总数的65%左右
次级商圈	外围商圈	1000米	15分钟	顾客占总数的20%左右
周边商圈	边缘商圈	1500米	20分钟	顾客占总数的3%左右

上述数字是经验数字，具体到每一间店铺时，则需要根据调查资料进行修正。因为店铺的经营形态、经营范围、经营规模不同，商圈半径也会有很大的差别，并不是一成不变的。

2 调查目的揭秘：明确方向，洞悉市场

商圈调查的主要目的是了解商圈的地域特点，确定合适的店铺位置，具体如图1-2所示。

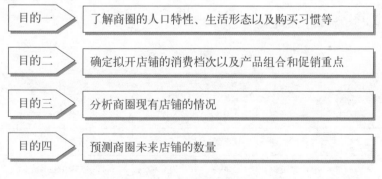

目的一	了解商圈的人口特性、生活形态以及购买习惯等
目的二	确定拟开店铺的消费档次以及产品组合和促销重点
目的三	分析商圈现有店铺的情况
目的四	预测商圈未来店铺的数量

图1-2 商圈调查的目的

3 调查内容详解：全面覆盖，洞察细节

商圈调查的内容，具体包括图1-3所示的六个方面。

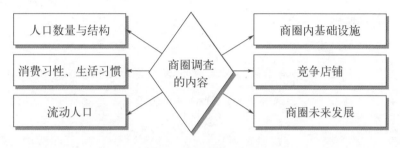

图1-3　商圈调查的内容

3.1　人口数量与结构

人口数量与结构的调查相当重要，通过它可预估商圈的顾客数量。

比如，人口数量为10000人的A商圈，上班族占3/5，约为6000人。

3.2　消费习性、生活习惯

通过消费习性及生活习惯的调查，可得知某一商圈的现有市场量。

比如，A商圈的人口以上班族居多，约6000人，调查显示，约80%的上班族会外购早餐，客单价约为5元，则A商圈的早餐消费每日约为2.4万元。

3.3　流动人口

店铺的地理位置及流动人口，直接影响店铺的经营。用不同时段的流动人口数量乘以流动人员入店率，可推算出顾客数量及店铺每日营业额。

比如，某商店所处地段每小时流动人口为500人，入店率约为10%（不同年龄层有不同的入店率），客单价约为40元，则可粗估该商店每小时营业额为500×10%×40=2000元，每日营业额粗估2000×14（营业时间8:00～22:00）=28000元。

3.4　商圈内基础设施

基础设备设施调查，如商圈内商场、超市、学校、工厂、车站、公园、写字楼等，对于吸引流动人口、增加店铺顾客数量都有显著作用。

3.5　竞争店铺

对同一商圈的竞争店铺进行调查，如产品类型、价格、经营方向、顾客数量、客单价等，有利于店铺制定竞争对策。

3.6　商圈未来发展

包括商圈未来人口的增加，学校、公园、车站的设立，道路的改造，百货公司、大型超市、住宅区的兴建等。

经营者可参考表1-2所示的内容进行商圈调查。

表1-2 便利店周边市场调查

市县名		总人口		城市类别		城市面积	
便利店地址							

便利店所在地经济发展水平	□ 高　□ 中　□ 一般　□ 低

小区资料	小区名称	小区档次	居民户数	与店铺的距离（步行）	中低档居民所占比例	中高档居民所占比例

人员情况分析

年龄层次	□ 老年　□ 中年　□ 中青年　□ 青年
收入水平（月）	□ 3000元以上　　□ 2000～3000元 □ 1000～2000元　□ 1000元以下
职业情况	□ 白领　□ 工薪　□ 公务员　□ 经商　□ 其他
消费特征	□ 注重品牌　□ 注重价格　□ 注重服务　□ 注重时尚
	高档品牌服装店数量：□ 非常多　□ 不是很多
交通工具	① 私家车（　）%　② 公交车（　）%　③ 其他（　）%
步行到店的时间所占的比例	① 5分钟内占（　）%　② 10分钟内占（　）% ③ 15分钟内占（　）%
便利店附近交通和车流情况	车流情况	（　）辆/小时
	店铺周围交通情况	□ 便利　□ 一般 □ 门前有隔离栏
	红绿灯情况（若有，请注明地点）	□ 无　□ 有　数量（　） 地点：
	店铺门前是否能停车	□ 能　□不能

商圈内其他服务行业和企事业单位情况		
类型	数量	详细情况（规模、客流量、经营情况）
社区		
机关单位、院校		
金融单位		
医院		
写字楼		
工厂		
游乐场		
肯德基、麦当劳		
其他		

4 商圈范围评估：精准测量，锁定目标

4.1 评估商圈的客流量

商圈评估的一个重要内容就是客流量，这样有助于店铺选址。

为了更为直观地记录商圈的客流量，最好利用一张有道路网和重要设施的地图，根据时间的不同，追踪人员的流向。

评估商圈的客流量，需要注意图1-4所示的事项。

4.2 探查竞争对手

广义的竞争涵盖了"竞争"和"共生"，前者是指为了独占利益争个你死我活，后者则是共同分享利益，有时互相合作会创造更多利益。因此，在评估商圈、调查竞争店铺的时候，要清楚自己与附

事项一	通常顾客数和客流量成正比。在数条行走路线中,与主要路线距离越远,客流量也会越少
事项二	在宽敞的十字路口或车流量特大的地方,紧临店铺一方和店铺对面的客流量,会有强烈的反差
事项三	要留意有什么设施使客流量发生变化

图1-4　评估商圈客流量的注意事项

近店铺的内容功能是否相同,是否距离过近而互相牵制,或者相互合作是否能增加这个地区的吸引力。

通过以下步骤,可以较为全面地了解竞争店铺的情况。

(1)向人咨询或亲身访查。具体包括竞争店铺的位置、资金、营业时间、管理人员及普通员工数量、服务方式、营业面积、停车场、商品项目、单价等一系列内容,另外,顾客层级,店铺形象、声誉、装修等也要充分考虑。

(2)以顾客的身份来刺探。主要包括竞争店铺商品的陈列方式,以及商品的数量、价格、质量、主要供货商等信息。

(3)有规律地调查竞争店铺。定期调查竞争店铺的顾客数、流向以及消费时段等,并由此计算其销售额。

(4)整理调查结果和数据。整理竞争店铺的资料,进而确定采取共生还是竞争策略。

生意经

如果采取竞争策略,应该深入调查竞争店铺的营业面积、商品种类、员工数量及待客技巧等,通过比较,发现自己的缺点。如果采取共生策略,则应该确定能否进一步开发新的商品项目。

商圈范围评估的艺术

商圈范围受商品与服务质量，以及能否满足顾客要求的影响，店铺可以根据自己的实际情况确定商圈范围，也可以根据外部资料来描绘。

1.根据区域位置

顾客如果需历尽艰难才能来到店里，那么即使住得很近，也不能列入商圈范围。相反，如果到店铺的交通便捷，店里又有各具特色的商品，顾客即使多走一点路，也不觉得远，那么这个区域就可以算进商圈。

2.根据商圈的形状

上下班或顺道从店门前经过的人很可能会买东西，所以该顾客居住的地方也能列入商圈。而有的人住在附近却从未光顾过店铺，宁愿到远处去消费，那么这个区域自然也就不包含在商圈内，所以商圈的形状往往并不规则。

3.根据顾客乘车或步行时间

估算一下顾客坐公共汽车到店铺购物，需花多少时间。另外，还要对交通限制及塞车地点、塞车程度、出入停车场是否方便等，进行了解。如此测出顾客实际的移动距离，画出路线图，就能掌握商圈范围了。

4.修正初步估计的商圈

最后的工作就是对初步确定的商圈进行修正，主要途径就是对店铺附近的顾客进行调查。

1.调查背景

某品牌便利店计划在××市××区××小区开设新店，为确保选址的准确性和有效性，进行了商圈调查和分析。

2.商圈范围确定

首先，投资者确定了以该小区为中心，以1公里为半径的商圈范围。这个范围内包括了小区内的住宅楼、周边街道的商铺、公共设施等。

3.商圈特点分析

（1）人口结构，该商圈人口密集，主要以年轻上班族为主。这部分人群对便利店的需求较高，且消费能力较强。

（2）交通便利性：商圈内的交通非常便利，有多条公交线路和多个地铁站点，为便利店的客流量提供了有力保障。

（3）竞争对手分析：投资者分析了商圈内其他便利店、超市等竞争对手的位置、规模、经营状况等，以便找出自身的优势和不足。

4.商圈内消费者行为分析

通过问卷调查和实地观察，投资者了解了商圈内消费者的购物习惯、购买频率、消费偏好等信息。这些信息对便利店的商品选择、价格定位、营销策略等具有重要的指导意义。

5.选址评估

综合以上分析，投资者认为该小区是开设便利店的理想位置。首先，人口结构符合便利店的目标顾客群体；其次，交通便利性有助于吸引更多顾客；最后，该区域尚未有比较好的便利店，因此存在较大的市场空间。

6.建议与措施

针对商圈特点和消费者行为，便利店在选址后应进一步优化商品结构，增加年轻消费者喜爱的商品种类；同时，加强营销推广，提高品牌知名度和美誉度；此外，还可以考虑与周边商家合作，共同开展促销活动，以吸引更多顾客。

案例点评：

通过这个案例，可以看出商圈调查在便利店选址过程中的重要性。只有通过深入的市场调研和分析，才能确保选址的准确性和有效性，为便利店的后续经营奠定坚实基础。

第 2 章

市场定位与战略规划

关键词:
确定顾客群
满足需求
塑造形象

在商业运营中，市场定位是非常重要的一环。正确地判定自己所处的市场位置和目标顾客群体，可以帮助企业更好地制定营销策略和服务模式。而对于便利店来说，由于其性质特殊（24小时营业、小规模等），因此必须通过精准的定位来满足消费者的需求。

【要点解读】▶▶▶

1 目标顾客锁定：精准画像，洞悉需求

目标顾客群体定位就是根据商圈调查分析的结果，确定便利店的主要顾客群体，并针对不同的顾客群体，制定不同的产品和服务策略，以满足他们的个性化需求。

1.1 地理位置与顾客群体分析

店主需要分析便利店所处的地理位置，以及该区域的人口结构、消费水平和消费习惯。

比如，便利店位于商业区，那么目标顾客群体可能是上班族和商务人士；便利店位于住宅区，则目标顾客群体可能是家庭主妇和学生。

1.2　目标顾客群体的特征

基于地理位置和人口结构的分析，可以确定便利店的目标顾客群体。这些群体通常具有图2-1所示的特征。

图2-1　目标顾客群体的特征

1.3　需求分析与满足

针对不同目标顾客群体的需求，便利店应提供相应的商品和服务。

比如，为上班族提供即食食品、速冲饮品等；为学生准备文具、零食等；为家庭主妇提供生鲜食品、日用品等。

同时，提供便捷的支付方式、舒适的购物环境以及优质的顾客服务，以满足不同顾客群体的需求。

1.4　营销策略制定

基于目标顾客群体的定位，制定有针对性的营销策略。

比如，针对上班族，可以通过优惠早餐、午餐套餐等方式吸引他们光顾；针对学生和家庭主妇，可以举办促销、会员优惠等活动，提高他们的购买意愿。

综上所述，便利店目标顾客群体定位需要综合考虑地理位置、人口结构、消费水平以及顾客需求等因素。通过精准定位目标顾客群体，便利店可以更好地满足他们的需求，提升市场竞争力，实现长期稳定发展。

2 商品定位攻略：匠心独运，打造爆品

确定了目标顾客群体后，就可以根据目标顾客的需求来选择合适的商品品类和品牌。

2.1 商品品类选择

要确保商品种类丰富，涵盖顾客日常所需的各个方面。在选择商品品类时，便利店应综合考虑目标顾客群体、市场需求、竞争态势以及店铺经营特点等因素，具体如表2-1所示。

表2-1 选择商品品类时应考虑的因素

序号	考虑因素	具体说明
1	针对目标顾客群体进行精准定位	如果目标顾客主要是上班族和学生，那么应优先选择即食食品、饮料、零食等品类，以满足他们快速、便捷的购物需求。如果目标顾客是家庭主妇，那么生鲜食品、日用品等品类是必不可少的

序号	考虑因素	具体说明
2	根据市场需求和竞争态势进行商品品类的筛选	要关注市场态势和消费者偏好,选择具有潜力和竞争力的商品品类。同时,要分析竞争对手的商品结构,避免与竞争对手的商品品类过于相似,以形成差异化竞争
3	结合店铺的经营特点进行商品品类的调整	如果店铺位于商业区或学校周边,可以适当增加文具、数码配件等商品品类;如果店铺提供24小时服务,那么应确保有足够的夜宵、饮料等商品供顾客选择

2.2 商品品牌选择

便利店在选择商品品牌时,需要综合考虑多方面因素,以确保所售商品能够满足目标顾客群体的需求,同时提升店铺的品牌形象和竞争力,具体如表2-2所示。

表2-2 选择商品品牌时应考虑的因素

序号	考虑因素	具体说明
1	目标顾客需求	要深入了解目标顾客的需求和偏好,包括他们的购买习惯、品牌忠诚度以及价格敏感度等。如果目标顾客是注重品质的年轻人,那么可以选择一些具有创新、时尚元素的品牌;如果目标顾客更看重性价比,那么可以选择一些品质可靠、价格适中的品牌
2	品牌知名度和口碑	选择具有一定知名度和口碑的品牌,可以增加顾客对便利店的信任度,提升店铺的整体形象。这些品牌通常拥有较为完善的产品线和稳定的品质,能够降低便利店的经营风险

序号	考虑因素	具体说明
3	价格策略	价格是顾客选择商品时重点考虑的因素之一。便利店应根据目标顾客的消费能力和价格敏感度，制定合理的价格策略，确保商品的价格与顾客的购买力相匹配。可以选择一些性价比高的品牌，以吸引更多顾客
4	市场竞争与差异化	在激烈的市场竞争中，便利店应选择具有差异化特点的品牌，以形成自己独特的商品结构。这有助于便利店在市场中脱颖而出，吸引更多顾客

 生意经

无论选择哪个品牌，商品的品质和安全始终是首要因素。便利店应确保所售商品符合相关标准和规定，避免出现质量问题或安全隐患。

3 服务定位秘籍：提升体验，留住顾客

便利店的服务定位是其经营策略的重要组成部分，旨在为顾客提供独特且有价值的服务体验，从而增强顾客黏性并提升销售额。

3.1 考虑目标顾客群体的需求

首先，便利店的服务定位应紧密围绕目标顾客群体的需求。深入了解顾客的购物习惯、生活方式以及对服务的期望，有助于便利

店确定服务重点和改进方向。

比如，目标顾客是上班族和学生，那么便利店可以提供快速结账、自助购物等便捷服务；目标顾客是家庭主妇，那么可以提供送货上门、商品预订等增值服务。

3.2　提供多样化、个性化的服务

除了基本的购物服务外，便利店还可以根据顾客需求扩大服务范围。

比如，设立休息区供顾客休息、阅读或用餐；提供代缴水电费、快递收发等便民服务；推出会员制度，为会员提供积分兑换、优惠折扣等专属福利。

这些多样化、个性化的服务能够提升顾客的购物体验，增加顾客黏性。

3.3　注重服务的品质和效率

确保员工具备良好的服务态度和专业技能，能够快速、准确地解决顾客的问题和需求。同时，优化购物流程，减少顾客等待时间，提高购物效率。

🎁 生意经

　　随着科技的发展和生活方式的改变，顾客对服务的需求也在不断变化。便利店应关注市场动态和新技术应用，及时引入新的服务项目和方式，以满足顾客日益多样化的需求。

4 品牌形象塑造：独特魅力，闪耀市场

便利店应根据目标顾客群体的喜好和店铺的价值观，塑造独特的品牌形象，包括醒目的店铺标志、统一的装修风格、亲切的员工形象等，以吸引顾客的注意并提升品牌认知度。

4.1 与目标顾客群体特征相符

首先，需要深入了解目标顾客群体的需求、价值观和偏好。

比如，目标顾客是忙碌的上班族或年轻人，品牌形象应体现便捷、高效、时尚的特点。而对于家庭主妇或注重生活品质的顾客，品牌形象则应强调温馨、舒适、品质保证。

4.2 提炼品牌理念和价值观

基于目标顾客群体的特点，提炼出独特的品牌理念和价值观。

比如，强调"快捷便利，品质生活"的理念，或者倡导"绿色环保，健康饮食"的生活方式。

这些理念和价值观将成为品牌形象的核心，贯穿于店铺的各个方面。

4.3 视觉形象设计

在视觉形象方面，便利店应注重商标、颜色、字体、店铺装修等元素的统一性和协调性。简洁明了的商标和醒目的颜色，能够提升品牌的辨识度。店铺装修应体现品牌的特色和店铺价值观，为顾客营造出舒适、愉悦的购物环境。

4.4　提升品牌形象

便利店应积极开展品牌传播和推广活动。利用广告投放、口碑营销等方式，提升品牌的知名度和影响力。同时，与合作伙伴开展联名活动或公益活动，也能进一步提升品牌形象。

案例分享

某品牌便利店计划在新兴的商业区开设新店，为了确保选址成功和后续的经营效益，该便利店进行了深入的市场定位分析。

首先，便利店明确了其目标顾客群体主要为年轻白领和学生。这部分人对便利性和时尚性有较高的要求，同时追求品质和个性化的消费体验。因此，在选址过程中，该便利店特别关注周边的人口结构，确保目标顾客群体在潜在商圈的占比较大。

其次，该便利店对竞争对手进行了详细的分析。通过市场调研，其了解到周边已有数家便利店，但它们主要采取传统的便利店模式，缺乏针对年轻白领和学生的特色服务和商品。因此，该便利店在选址时避开了这些竞争对手的核心区域，同时确保店铺的交通便利性，以吸引更多潜在顾客。

在商圈选择上，该便利店综合考虑了客流量、消费水平、租金等多个因素。最终选择了新兴商业区核心地段的一个店铺，该地段客流量大且消费水平较高，符合目标顾客群体的消费习惯。此外，店铺周边还有多个写字楼和学校，为便利店提供了稳定的客源。

最后，该便利店进一步细化了市场定位，根据目标顾客群体的需求调整了商品结构和服务内容。例如，增加了更多健康、时尚的食品和饮料，同时提供了便捷的自助结账和线上购物服务，以满足

年轻白领和学生群体的需求。

案例点评：

通过深入的市场定位分析和合理的选址策略，该品牌便利店成功吸引了大量目标顾客，实现了业务的快速增长。

这个案例告诉我们，在便利店选址前进行市场定位是非常重要的，它有助于店主明确目标顾客群体、了解竞争对手、选择合适的商圈和店铺，并为后续的店铺经营提供有力支持。

第 3 章

店铺选址与装修秘籍

选址对便利店日后的客流量有很大的影响。精心选址和装修，可以为便利店日后的成功经营奠定坚实的基础。店铺的位置决定了店铺顾客的多少，也决定了店铺销售额的高低。

【要点解读】▶▶▶ -------------------------------

1　选址因素解析：黄金地段，人气聚集

合理选择开店地址，将决定便利店的未来，因为好的店址是店铺兴旺的基础，甚至可以说选择了一个好店址，生意就成功了一半。所以，在选址时，经营者应多用心，选择一个既有品位又能为自己带来财富的地方。而选址是一个复杂的决策过程，涉及多个方面，如表3-1所示。

表3-1 选址应考虑的因素

序号	考虑因素	具体说明
1	客流量与客流类型	客流量是影响便利店生意的关键因素。一般来说，客流量大的地方，如商业区、住宅区、学校周边等，都是便利店的理想位置。同时，选址还需要考虑客流类型，包括自身客流（有目的性地购买特定商品）、分享客流（与其他类型店铺相互补充形成的客流）和派生客流（顺路进店的顾客）
2	交通情况	便利店的名称本身就强调"便利"，因此选址时应考虑周边的交通状况。公交地铁站附近、步行20分钟内可以到达的地方，或者行人多的路段，都是较好的选择
3	商业环境与竞争状况	便利店选址应着眼于商业氛围浓厚的区域，如电影院、公园、游乐场附近等，这些地方的顾客消费欲望较高。同时，不要离已有便利店过近，以免产生竞争。此外，可以借鉴知名店铺的选址经验，利用他们的品牌效应吸引潜在顾客
4	租金与成本	租金是便利店选址时需要重点考虑的成本因素。不同地段的租金差异很大，繁华商业区、人口密集区、交通便利地段的租金相对较高。因此，选址时要权衡预算和预期收益。同时，也要考虑租期与租金的关系，一般来说，租期越长，租金越低
5	安全与便利性	便利店的选址还需要考虑周边的安全状况，包括治安状况、消防安全等，以确保顾客和员工的安全。此外，也要考虑店铺的便利性，如是否有足够的停车位、是否便于装卸货物等

便利店选址避坑指南

开一家便利店，不需要多少技术，而且投入不大，赚钱稳、回本快，对许多新人来说是个容易实施的项目。不过便利店也不能随意开，店铺位置的选择特别重要。下列这些地方不适合开便利店。

1.无法停车的道路旁边

无法停车的地方，一是快车道旁边。随着城市建设的发展，高速公路越来越多，为了快速通车，高速公路一般有隔离设施，两边无法穿越，公路旁也很少有停车设施。因此，尽管公路旁有单边固定与流动的顾客群，也不宜作为便利店的选址区域。

二是由于太繁华而停车困难的地方。繁华的大街上虽路人如织，但如果不能停车，店铺也将失去很多顾客。

2.首次开店不要盲目选择繁华的商业地段

繁华商圈由于旺盛的人气和集中的消费，成为许多创业者首选的店面位置，但是在创业初期，繁华商圈动辄数万的月租以及不菲的转让费会让店铺资金马上捉襟见肘。另外，繁华商圈内大型购物场所经常性的打折、送礼活动会让便利店的客流受到严重冲击。

所以一般建议新人选择次商圈开店，因为次商圈的好处是显而易见的。首先，为店铺节约大量的沉淀资金，可以用于店面装修、货品采购等；其次，不受大型购物中心促销活动的影响，可以自由开展自己的促销活动；最后，由于距离主商圈不太远，还可以分享到主商圈的消费人气。

3.过堂店

所谓过堂店，是指从门口直达门尾的店铺，顾客往往认为这样的店面是一个通道，而忽视了店内陈列的货品。另外，过往的行人太多，不仅影响顾客的正常选购，给营业员介绍货品也带来比较大的干扰，还容易造成货品丢失，带来营业外损失。

4.经常打折的店面周边

如果便利店经营的是比较有品位的产品，切记不要与经常打折的店面为邻（某些休闲服饰专卖店、饮品店、一元店等）。人以群分，消费氛围也是如此，一旦打折形成气候，再好的货品也会受到牵连。

5.二手房

要尽可能与店面的所有人签约。因为经过层层转手的店面，无论在费用上还是续约上，都会有较大的隐患。

6.租金便宜的房子

如果房主开出明显低于正常市价的租金，那要格外小心了，或许店面的产权、债务有问题，或许短期内有拆迁的可能性等。

7.注意朝向和客流方向

便利店的朝向也非常重要。如果店面朝向南方或者西方，那么在整个夏季，火辣辣的阳光会赶走一部分顾客（室内步行街另当别论）；店铺最好开在客流来向的右手边，因为大多数逛街的人会在右侧行走，习惯进入右手边的店铺。

8.走上爬下的店面

设在地下室的店铺，客流会受到影响，主要是因为顾客进出不方便，店铺位置不醒目。而带有楼梯的便利店，违背了开店的方便性原则，顾客进店、商品补给等都很不方便。

9.形状不规则的店铺

长方形或是正方形的商场比较适合便利店的经营，如果商场的形状不规则，那么在一个营业面积就很小的空间很难合理地去陈列商品，这样会增加顾客选购商品的时间。一般来说，便利店的面积最小为65平方米，最大不要超过150平方米。最理想的便利店面积应在120平方米左右。

10.加盟店太集中的地方

便利店是小本经营，租金不能太高，月租金最好不要超过三天正常的营业额。加盟店太集中的地方，房屋租金较贵，即使现在房主不提价，租约期满后也会大幅度提价。业主不会在意你做什么生意，他们在意谁能为他们交更多的租金。

2 装修设计秘籍：环境舒适，吸引眼球

便利店的装修应综合考虑多种因素，既要注重美观和实用，又要考虑顾客的购物体验和安全需求。通过合理的装修设计，可以打造出一个舒适、便捷的购物环境，吸引更多的顾客前来消费。

2.1 门头设计

门头是便利店吸引顾客眼球的关键，要设计得新颖独特，与便利店的品牌形象和风格相匹配。招牌上的店名要有特点，能够吸引顾客的注意。如果条件允许，可以在店铺门两侧设计玻璃橱窗，将推荐的商品精心陈列，进一步吸引顾客的视线。

2.2 内部装修

内部装修要力求实用简洁，同时考虑防火、防盗等问题。墙壁和地面的装饰要简洁明快，色彩搭配要和谐统一。

2.3 照明设计

照明设计在便利店装修中起着至关重要的作用。合适的照明可以提升商品的陈列效果，增强顾客的购买欲望。照明设备要选用节能、环保的产品，以免过强的光线对顾客造成不适。

2.4 货架设计

货架的款式要根据店铺面积和商品种类来确定，每一排货架都要安装统一的端头，使货架更美观，同时也可以增加陈列面积。

2.5　风格选择

便利店的装修风格多种多样，可以根据店铺的定位和目标顾客群体来确定。比如，清新田园风格适合都市便利店，给人一种自然、清新的感觉；地中海风格则以大胆的表现手法体现独特的民族风情；欧式风格则给人一种清新、简洁的效果。

2.6　人性化设计

在装修过程中，也要注重人性化设计，可以设置休息区、洗手间、充电桩等便利设施，提升顾客的购物体验。

🔗 相关链接

便利店灯光设计的技巧

便利店的灯光设计需要考虑多种因素，包括照明亮度、色彩搭配、灯具选择等。通过合理的灯光设计，可以营造出舒适、温馨、有吸引力的购物环境，提升顾客的购物体验，促进销售业绩提升。

首先，整体照明要足够明亮，确保顾客能够清晰地看到商品和价格标签。同时，要避免使用过于刺眼的灯光，给顾客带来不适。选择亮度适中的光源，并调节至合适的角度，可以营造舒适、柔和的购物环境。

其次，对于不同的区域，要采用不同的照明方案。例如，熟食区可以使用集束灯光，以突出食物的色彩和新鲜度，提高顾客的食欲。日化区可以采用柔和的暖白光，营造出温馨、舒适的购物氛围。结算区需要确保灯光明亮，方便顾客查看账单和支付款项。

然后，货架的补光也很重要。补光灯通常放置在货架标价条的后面，起到照亮商品的作用。合适的补光灯，可以突出商品的特色，吸引顾客的注意力。

接着，灯光设计也要考虑不同色彩对顾客心理的影响。暖色调的灯光可以营造出温馨、舒适的氛围，适合便利店的整体照明；而冷色调的灯光则更适合展示清爽、有活力的商品，如饮料和零食等。

最后，考虑环保和节能的需求，便利店应选用高效节能的灯具。LED灯具有光效高、寿命长、节能环保等优点，是便利店的理想选择。

3 布局设计攻略：空间优化，购物便捷

通过合理的布局设计，可以打造出一个舒适、便捷、高效的购物环境，提升顾客的满意度和销售额。

3.1 入口与出口设计

入口和出口应设计得宽敞、明亮，方便顾客进出。同时，应保证店外行人的视线不受阻碍，能够直接看到店内物品。

3.2　货架布局

货架布局应遵循一定的逻辑和规律，便于顾客快速找到所需商品。一般来说，可以将商品按照类别进行分区陈列，如食品区、饮料区、日用品区等。在每个区域内，再根据商品的属性、品牌、价格等因素进行细分。

此外，货架的高度和摆放位置也要方便顾客。中心货架不应过高，以免顾客难以取到商品。同时，对于高毛利的畅销商品，可以摆放在货架的显眼位置，如端头货架，以吸引顾客的注意。

3.3　收银区布局

收银区应设置在购物的最后环节，方便顾客结算。收银台的设计要简洁、实用，同时配备必要的收银设备和支付工具，以提高结算效率。在收银台旁边，可以摆放一些口香糖、小糖果等小商品，方便顾客在等待结算时购买。

3.4　通道与走道设计

通道和走道要宽敞、通畅，避免拥堵和死角。应合理安排商品的布局，将难挑选的商品和畅销商品分开，以免高峰期时顾客堵满走道，不方便其他顾客购物。

3.5　其他设施布局

便利店内还应设置一些必要的设施，如卫生间、休息区等。这些设施的位置要合理，方便顾客使用，同时也不影响店铺的整体布局和购物环境。

1.选址过程

在××便利店的选址过程中，经营者首先进行了深入的市场调研和数据分析。他们发现，新区的一个大型住宅区具有极高的市场潜力。这个住宅区人口密集，且居民消费能力强，同时，周边缺乏大型便利店，市场处于空白状态。此外，该区域交通便利，临近地铁站和公交站，能吸引过往行人和周边办公区的员工。

2.装修设计

在确定了店址后，经营者开始着手进行装修设计。他们聘请了专业的设计师团队，根据店铺的面积和形状，以及品牌特色和定位，进行了精心的设计。

店铺的外观设计简洁大方，采用了标志性的色彩和字体，以吸引顾客的注意。店内则采用了明亮而柔和的灯光，营造出温馨舒适的购物环境。货架的布局合理，商品分类清晰，方便顾客快速找到所需商品。

此外，××便利店还注重细节处理。例如，收银台的设计既实用又美观，配备了先进的收银系统和支付工具，提高了结账效率。同时，店内还设置了休息区，供顾客休息和品尝食品，提升了顾客的购物体验。

3.经营效果

经过精心选址和装修设计后，××便利店开业后迅速获得了市场的认可。店铺的客流量稳步上升，销售额也持续增长。顾客对店铺的装修设计和商品陈列都给予了高度评价，认为这里既方便又舒适，是日常购物的好地方。

案例点评：

这个案例展示了便利店从装修到选址的全过程。通过深入的市场调研和数据分析，选择合适的店铺位置；通过专业的装修设计和细节处理，打造舒适便捷的购物环境，最终××便利店实现了成功经营，获得了市场的认可。

第 4 章

开业筹备与造势秘籍

关键词：
统筹安排
手续齐备
宣传造势

不管是什么事情，都应做好周密而充分的准备工作，开店也是如此。经营者要从点点滴滴做起，重视开店的每一个细节，尤其是在前期筹备时，要尽可能面面俱到。只有充分重视前期的筹备工作，才能为以后的经营铺平道路。

【要点解读】▶▶▶ — — — — — — — — — — — — — —

1 开店计划制订：有条不紊，顺利开业

开店的事务千头万绪，经营者难免会忙中出错。因此在筹备时，他们最好列出开店计划或者筹备作业进度表，统筹安排开店的各种事务。

下面所列的开店事务，仅供参考。

（1）内部装修：包括店铺内部装修、货架定制、设备与经营用具采购、招牌制作等。

（2）商品及服务内容：商品及服务的构成、政策，商品订购，

重点商品及服务的确定。

（3）商品采购：理清进货渠道，并具体实施。

（4）陈列方式：确定陈列方式及数量。

（5）销售计划：包括销售目标、促销计划及收支预算。

（6）广告宣传策划：开业前后的广告投放、媒介选择。

（7）店规及制度拟定：经营绩效评估办法、奖励制度、服务制度、各种竞赛制度等。

（8）人事任用：店员招聘及培训。

（9）总务事宜：报表、购物袋、指示牌、制服、店内音乐等事宜的准备。

（10）商品进场：商品进场、陈列布置。

（11）开张准备：开张方式确定、开张赠品准备、开张广告方式选择。

（12）正式营业。

2 租房合同签订：权益保障，规避风险

多数人都靠租房子来开店。那么，租房的时候，经营者一定要多加注意。如果是从房东手中直接租房，要订立租房合同；如果是转租的店铺，就要调查清楚。

一般情况下，原店主生意做不下去了，才会将店铺转租给别人。这时，经营者要调查清楚店铺关门的原因。如果是因为店铺位置不佳，经营者最好另寻他处。如果是其他原因导致店铺转租，经营者也要吸取其教训，以免重蹈覆辙。

如果出租方不是房东，经营者最好找到房东，由房东、转租方和经营者，三方协商，明确把转租方与房东的一切债权债务做一了断，这样才能避免欺诈。

在签订租房合同时，要注意图4-1所示的几个问题。

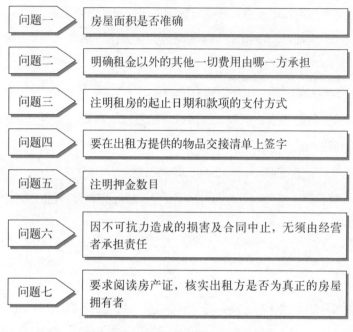

图4-1 签订租房合同时应注意的问题

3 相关手续办理：流程清晰，快速通关

哪怕是再小的店，也需要办理相关手续，以确保店铺经营符合国家法律法规和行业标准。为了能够顺利地开展业务，经营者应着手办好一切手续。

3.1　明确经营主体

目前，经营主体大体可分为个体工商户、个人独资企业、一人有限责任公司、合伙企业、有限责任公司或股份有限公司。不同的经营主体，其设立条件、责任承担方式、税务优惠政策也不相同，经营者可以根据自身的需求和实际情况选择合适的经营主体形式。同时，可以咨询专业人士或律师，获取更准确的建议和指导。

3.2　办理营业执照

营业执照是工商行政管理机关发给工商企业、个体经营者的准许从事某项生产经营活动的凭证。其格式由国家市场监督管理总局统一规定。没有营业执照的工商企业或个体经营者一律不许开业，不得刻制公章、签订合同、注册商标、刊登广告，不予开立银行账户。

申请人需提供本人身份证、营业场所证明等相关材料，向当地工商部门申请营业执照。

 生意经

自2016年10月1日起，营业执照、组织机构代码证、税务登记证、社会保险登记证和统计登记证实行"五证合一"。

3.3　申请许可证

根据店铺的具体情况，经营者可能还需要办理食品经营许可证、

烟草专卖许可证等证件。在办理过程中，务必确保所填写的信息准确无误，以免造成麻烦。

3.4　注册商标

如果想做自己的品牌，经营者可以考虑注册商标，这样能在全国范围内对自己的品牌进行保护，并增加品牌价值。注册商标需要提供营业执照。经营者可以在当地的商标注册服务公司或知名的商标代理网站进行商标注册。

3.5　开立对公账户

选择一家合适的银行，准备好相关材料，如身份证、营业执照等，可以开立对公账户。

经营者可根据店铺的具体情况确定是否需要办理对公账户，如果是比较小的店铺，用不上对公账户，前期也可以不办理。

3.6　申请发票

经营者可携带相关材料前往当地税务机关，按规定程序申领发票。

生意经

不同的城市，店铺所需的证件可能不一样。经营者可以根据当地政策和实际情况，咨询相关部门或专业人士，以确保办理手续的准确性和合规性。

4 开业宣传造势：声势浩大，吸引客流

每一家店铺开业，都希望有个"开门红"。经营者要善于利用现有条件为开业造势，争取以较低的成本获得最好的效果。

4.1 在装修期间为开业造势

很多店铺对装修期间的促销并不重视。短则几天长则几个月的装修期，店门口人来人往，不要白白浪费了这个宣传时机。

（1）喷绘广告

可以做一个显眼的、临时性的喷绘广告。花费不是很多，广告内容可以是店铺品牌形象的宣传，也可以是开业促销措施。

（2）条幅

拉一个条幅，上面写着"距××店开业还有××天"，这样可以使顾客产生期待或好奇，为店铺开业造势。

（3）招聘广告

制作并张贴精美的招聘广告也是宣传店铺的好办法。开店必然要招聘相关人员，精美的招聘广告可以招来应聘者，同时也是对店铺的一种宣传。经营者只需要写上"招聘"二字和几句招聘要求就可以吸引众多目光。

4.2 借节假日为开业造势

一般店铺选在节假日开业，因为节假日是大部分人最有时间、最有心情购物的时候，也是客流量最大的时候。顾客是有从众心理的，喜欢热闹的、人多的地方。

4.3　营造气氛为开业造势

店铺开业时一定要营造出喜庆的气氛，让顾客知道你的店铺是新开业的，让他们关注你的店铺。

（1）要买些花篮摆在门口，营造出开业的气氛。

（2）如果条件允许，可以设置一个充气拱门。

（3）要放一些有动感的音乐，可以掩盖人们的嘈杂声，同时也会增加顾客的安全感。

4.4　借促销为开业造势

店铺开业一定要借促销来造势。促销活动可以是部分商品打折销售，也可以是送赠品，还可以是免费办理会员卡等。

为了增加促销活动的宣传效果，可以以贴海报、发传单等方式吸引过往行人，使潜在消费者成为店铺的顾客。

 案例分享

1.开业筹备

（1）明确店铺定位：××便利店服务于周边社区居民，为其提供日常生活所需的商品和便利服务。店铺装修风格简洁明亮，营造温馨舒适的购物环境。

（2）准备开店资金：根据店铺规模和经营计划，提前准备好充足的开店资金，包括租金、装修费、货架采购费、进货费等。

（3）选址：经过深入的市场调研和实地考察，选择在一个客流量较大、交通便利的社区入口开设便利店。这个位置既方便了社区居民购物，也有利于吸引过往行人的注意。

（4）内部装修：根据店铺定位，进行内部装修设计。店内整洁明亮，货架摆放整齐有序，同时配置了空调、冷柜等硬件设施，确保商品的新鲜度和顾客的舒适感。

（5）供应链建设：与多家供应商建立合作关系，确保商品的质量和供应的稳定性。同时，根据店内的销售情况，及时调整进货量和种类，以满足顾客的需求。

（6）员工招聘和培训：招聘热情、有责任心的员工，并进行岗前培训，包括商品陈列、收银操作、顾客服务等，确保员工能够熟练掌握各项业务流程。

2.开业宣传

（1）社交媒体宣传：利用微信、微博等社交平台发布开业信息，包括开业时间、地址、特色商品和优惠活动。同时，邀请网红或意见领袖体验店铺，并分享给粉丝，扩大宣传范围。

（2）地面推广：在店铺周边区域悬挂横幅、张贴海报，吸引过往行人的关注。同时，发放传单和小册子，详细介绍店铺特色和开业优惠活动。

（3）合作推广：与周边商户、社区组织等建立合作关系，共同开展相关活动或互相宣传。例如，与附近的餐厅合作推出"购物赠送餐券"的活动，以吸引更多顾客。

（4）开业庆典活动：举办隆重的开业庆典活动，邀请当地名人或社区领导参与剪彩仪式。同时，设置抽奖环节、提供赠品和优惠券，吸引顾客进店消费。

（5）口碑营销：鼓励顾客在购物后进行评价和分享，以形成良好的口碑传播。对于提供优质评价的顾客，可以给予一定的奖励或

优惠，从而激发顾客的参与热情。

案例点评：

通过这一系列的筹备与宣传工作，××便利店成功吸引了大量顾客，开业当天就取得了不错的销售业绩。这为店铺的长期发展和品牌形象的塑造奠定了坚实的基础。

第 5 章

商品采购与库存管理

便利店的商品采购是一个复杂而重要的过程，需要考虑多个方面因素。通过科学、合理的采购管理，便利店可以确保商品的质量和供货的稳定性，提高销售业绩和顾客满意度。

【要点解读】▶▶▶ -

1 市场需求洞察：洞悉趋势，把握商机

在商品采购过程中，市场需求分析是一个核心环节。通过对目标顾客群体、销售趋势、季节性变化、竞争对手以及消费者需求进行综合分析，便利店可以制订更加合理、有效的采购计划，从而提高销售业绩和顾客满意度。

1.1 分析目标顾客群体

便利店通常服务于周边社区的居民，包括上班族、学生、家庭

主妇等。不同的顾客群体，有着不同的消费习惯和需求。

因此，便利店在采购商品时，需要充分考虑这些不同顾客群体的需求，以确保商品种类的多样性和针对性。

1.2 分析销售趋势和季节性变化

便利店应密切关注市场动态，了解各类商品的销售趋势，通过分析过去一段时间内的销售数据，找出畅销商品和滞销商品，从而调整采购策略。同时，便利店还需要关注季节性变化对商品销售的影响。

比如，在夏季，冷饮、冰激凌等商品的需求可能会增加；而在冬季，热饮、暖宝宝等商品则可能更受欢迎。

因此，便利店在采购商品时，需要根据季节变化灵活调整商品结构。

1.3 分析竞争对手的商品种类和价格策略

便利店所处的市场环境竞争激烈，了解竞争对手的商品种类和价格策略有助于便利店制订更有竞争力的采购计划。通过与竞争对手的商品种类和价格进行比较，便利店可以找到自身的差距和优势，从而调整采购策略，提高商品的竞争力。

1.4 分析消费者对商品品质的要求

随着健康消费理念的普及，越来越多的消费者开始注重商品的品质。因此，便利店在采购商品时，应优先选择品质优良、健康安全的商品，以满足消费者的需求。

2 供应商选择策略：择优合作，稳定供应

便利店是一个庞大的销售网络，是众多供应商理想的销售渠道，但便利店受卖场和经营品种的限制，必须对众多的供应商进行选择。供应商良莠不齐，选择合格的供应商是便利店采购管理的首要任务。

一般来说，便利店在选择供应商时应考虑图5-1所示的因素。

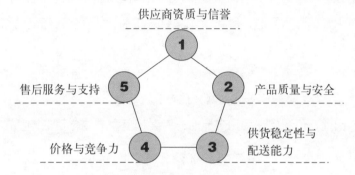

图5-1　选择供应商应考虑的因素

2.1　供应商资质与信誉

确保供应商具备合法的经营资质和法人资格，且相关证照齐全。同时，通过查看供应商的历史记录、顾客评价以及业界口碑等，评估其信誉水平。

2.2　产品质量与安全

供应商提供商品的质量应稳定可靠，无假冒伪劣产品。便利店应对商品进行严格的质量检测，以确保所售商品符合相关标准和消

费者的期望。

2.3　供货稳定性与配送能力

供应商应保证货源稳定，避免因缺货而影响便利店的经营。同时，配送也应高效准确，确保商品能够按时、按量送达。

2.4　价格与竞争力

价格是便利店选择供应商时重点考虑的因素。便利店应在保证商品质量的前提下，寻求价格合理的供应商，以提高自身的盈利能力。

2.5　售后服务与支持

供应商的售后服务能够为便利店解决在运营过程中的问题，提供及时的技术支持和解决方案。因此，应选择能提供完善售后服务的供应商。

生意经

除了以上五个因素外，便利店还可以考虑与供应商建立长期稳定的合作关系。这有助于确保货源稳定、降低采购成本，并获得更好的进货价格和服务。同时，便利店还可以关注供应商的创新能力和市场敏锐度，以便及时引入新产品，满足消费者不断变化的需求。

3 采购洽谈技巧：巧妙谈判，降低成本

便利店的采购人员必须就商品采购的具体条件与供应商进行洽谈。在采购谈判中，采购人员应就商品的数量、品种、规格要求，商品的质量标准和包装条件，商品价格和结算方式，交货方式，交货期限和地点等内容，与供应商达成一致，并签订购货合同。

3.1 谈判的基本目标

在与供应商进行谈判前，采购人员必须明确谈判的基本目标并准备相关的资料。谈判的基本目标如图5-2所示。

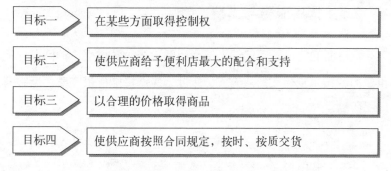

目标一	在某些方面取得控制权
目标二	使供应商给予便利店最大的配合和支持
目标三	以合理的价格取得商品
目标四	使供应商按照合同规定，按时、按质交货

图5-2 谈判的基本目标

3.2 谈判的内容

谈判的内容包括商品品质、订货、包装、售后服务、价格、促销、折扣、付款条件等，具体如表5-1所示。

表5-1 谈判的内容

序号	内容	详细说明
1	商品品质	（1）商品品质必须符合买卖双方的约定。供应商应提供产品规格说明书、检验方法、产品合格范围等文件 （2）采购人员在洽谈时，应首先与供应商就商品品质标准达成一致，以避免日后的纠纷或诉讼。对于瑕疵品或运输过程中损坏的商品，应要求退货或退款
2	商品包装	（1）内包装。用来保护商品或说明商品用途的设计良好的内包装，通常能激发顾客的购买意愿，加速商品的周转 （2）外包装。在仓储及运输过程保护商品的包装，通常扮演非常重要的角色。倘若外包装不够坚固，在仓储运输过程中会造成商品损坏，从而降低作业效率，影响店铺利润；但若外包装太坚固，供应商的成本会增加，采购价格必然偏高，从而导致商品的价格缺乏竞争力
3	商品价格	除了品质与包装之外，价格是采购谈判中最重要的项目，包括新商品价格折扣、单次订货数量折扣、累计进货数量折扣、不退货折扣（买断折扣）、提前付款折扣及季节性折扣等
4	订购量	应以适当、及时为原则，而不能以供应商希望的数量为依据。否则，一旦存货滞销，会导致利润降低、资金积压及空间浪费
5	付款条件	付款条件与采购价格息息相关，一般情况下，供应商的付款条件是月结60～120天，买方可获3%～6%的折扣。采购人员应计算最有利的付款条件
6	交货期	（1）一般来说，交货期越短越好。因为交货期缩短的话，订货的次数增加，订购数量可以相应减少，库存会降低，仓储空间的占用就会减少 （2）对于有时间承诺的订货，采购人员应要求供应商分批送货，以减少库存压力

序号	内容	详细说明
7	售后服务	对于需要售后服务的商品，例如家电、电脑、相机、手表等，采购人员应要求供应商在商品包装内，提供维修单位的名称、电话及地址，以方便顾客日后联系
8	促销	(1) 促销包括促销商品品质保证、促销费用承担等 (2) 通常，采购人员应在促销的前几周停止正常采购，而着重订购特价商品，以增加利润
9	广告赞助	为增加便利店的利润，采购人员应积极与供应商洽谈，争取更多的广告赞助。广告赞助内容如下： (1) 促销快讯的广告赞助 (2) 前端货架的广告赞助 (3) 统一发票背后的广告赞助 (4) 停车看板的广告赞助 (5) 购物车广告板的广告赞助 (6) 卖场灯箱的广告赞助
10	进货奖励	(1) 进货奖励是指某一时间内，采购达到一定的金额，供应商给予的奖励 (2) 数量奖励是指供应商对一定的订货数量给予某种幅度的折扣 (3) 采购人员应适当地要求供应商给予进货额一定百分比的奖励，来提高利润
11	备注	上述洽谈内容加上违约责任、合同变更与解除条件及其他必备内容就形成了采购合同

3.3 谈判的技巧

在采购谈判中，采购人员应当根据不同的谈判内容、谈判目标和谈判对手等，运用不同的谈判技巧和战术，以取得圆满的结果。

采购谈判的十大要点

谈判技巧是谈判人员的利器。谈判高手通常都会花时间去研究这些技巧,以求事半功倍。下列谈判技巧值得便利店的采购人员学习。

1.避免破裂

有经验的采购人员,不会让谈判轻易破裂,他们会给对方留有余地,为下一次谈判埋下伏笔。如果供应商支持竞争对手,采购人员也不要和其马上撕破脸,可以从陈列、订货、结算上进行牵制。

2.只和有决策权的人谈判

采购人员接触的对象可能有供应商的业务员、业务经理、经理、董事长等,不要和无决策权的人谈判,以免浪费时间。一般的谈判,采购人员可以和业务员和业务经理谈,但重要的谈判就要和经理或董事长或是他们授权的业务员和业务经理谈。和没有决策权的人员谈判,可能会事先暴露采购方的立场,让供应商有充分的时间准备。

3.在本公司谈判

在本公司谈判,首先在心理上采购人员就占了上风,还可随时得到其他同事的支援,节约了相关的费用,将天时、地利、人和的优势发挥到极致。

4.放长线钓大鱼

有经验的采购人员知道对手的需求，所以尽量在小事上满足对方，在对方自以为占便宜时，再逐渐引出自己的要求。比如，供应商希望将某商品，从货架的最底层移至第二层，采购人员一口答应，让供应商觉得占了个大便宜，但接着采购人员提出，原来放在第二层的商品付了陈列费，有效期到这个月，供应商觉得现在才是月初，到了下个月这个商品的销售旺季就过去了，因而提出也可付费，最后，该供应商不仅支付了陈列费，还主动提出将供货价格下调2%，并开展一个月的促销活动。

5.紧紧抓住主动权

攻击是最佳的防御，对于一些沉默、内向的谈判对手，采购人员应先根据自己准备的问题，进行开放式提问，让对方不停回答，从而暴露出对方的立场，然后再抓住对方的破绽，乘胜追击。对方若难以招架，自然会作出让步。

6.必要时转移话题

当双方就某一问题或细节纠缠不休无法谈拢时，有经验的采购人员会及时转移话题，以缓和紧张的气氛，但方法要适当，不要让对方认为采购人员是在退让。

7.尽量做一个好的倾听者

一般人都比较爱面子、有虚荣心。在谈判时，有的供应商总喜欢表现自己在某一方面的特长，此时采购人员不要急于表态，尽量做一个好的倾听者，通过对方的言语和动作，了解对方的谈判立场。而且大多数人都是讲道理的，面对一个好的倾听者，在不知不觉中会放下戒备心，这时采购人员的机会就来了。

8.尽量为对手着想

事实证明，大部分谈判，都是在和谐的气氛下进行的。若轻易许诺欺骗对方，或是居高临下威胁对方，谈判注定会失败。成功的谈判是双赢，供应商是便利店的重要伙伴，采购人员在尽力维护店铺利益的同时，也要为对方着想。

9.不接受以增加商品种类为附加条件的优惠

供应商经常以各种理由全力推销其商品，但采购人员只能坚持回转率高的商品。供应商为了推销其他商品，往往会给采购人员一些优惠，请注意，如果采购人员答应了一个，就会有第二个，到时就很难控制整个店铺商品结构。

10.切忌盲目砍价

采购人员经常性地和供应商议价，是保持商品最低进价的一个有力手段，但切忌盲目砍价，而忽略了其他内容，造成供应商以次充好，变相提高商品的价格。

4 商品验收与入库：严格把关，确保品质

采购的商品到达便利店后，工作人员要进行严格的验收。商品验收与入库是确保商品质量、数量准确以及库存管理的关键环节。

4.1 商品验收

商品验收的步骤如表5-2所示。

表5-2 商品验收的步骤

序号	验收步骤	具体说明
1	确认订购单	验收人员首先核对供应商提供的商品是否与订购单一致，包括商品名称、规格、数量等
2	检验商品质量	对商品进行品质检验，确保其符合既定的质量标准，如外观完好、无破损、无漏气、无涨袋等。要特别注意商品的保质期，超过保质期的商品一律拒收
3	清点数量	根据订购单或配送单，对商品数量进行逐一清点，确保实际数量与单据上的数量相符。如数量不符，应按照合同约定进行处理
4	处理短损与不合格品	对于在验收过程中发现的短损或不合格品，应及时与供应商沟通，进行退换货或拒收处理

4.2 商品入库

商品入库的步骤如表5-3所示。

表5-3 商品入库的步骤

序号	入库步骤	具体说明
1	分类存放	对验收合格的商品应按照类别进行存放，确保货架或仓库整洁有序，便于后续管理和取货
2	录入信息	对入库的商品进行信息录入，包括商品名称、数量、规格、入库时间等。这有助于后续的库存管理和销售跟踪
3	标记与记录	在验收无误的商品上标记符号，如"√"，并在相关单据上做好记录。对于有问题或需特殊处理的商品，应注明问题并妥善保管

4.3 商品验收与入库的注意事项

商品验收与入库的注意事项如图5-3所示。

事项一 ▷ 及时沟通。在验收与入库过程中，如发现问题或异常情况，应及时与供应商、店长或其他相关人员沟通，确保问题得到及时解决

事项二 ▷ 遵守规定。验收与入库人员应严格遵守便利店的相关规定，确保验收与入库工作的准确性和高效性

事项三 ▷ 保证安全。在进行商品验收与入库时，应注意商品和人员的安全，避免因操作不当导致商品损坏或人员伤亡

图5-3　商品验收与入库的注意事项

5 库存控制宝典：合理调配，避免积压

便利店的库存控制是一项综合性工作。通过采取图5-4所示的策略和方法，可以有效提高库存管理水平，降低库存成本，为便利店的稳健发展奠定基础。

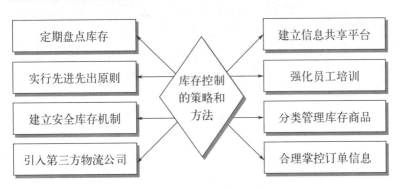

定期盘点库存　　建立信息共享平台

实行先进先出原则　　强化员工培训

库存控制的策略和方法

建立安全库存机制　　分类管理库存商品

引入第三方物流公司　　合理掌控订单信息

图5-4　库存控制的策略和方法

5.1　定期盘点库存

定期进行库存盘点是确保库存数量与系统数据一致的基本步骤。有助于工作人员及时发现和处理异常情况，避免缺货或商品积压。

（1）定期盘点库存的步骤

定期盘点库存的步骤如表5-4所示。

表5-4　定期盘点库存的步骤

序号	盘点步骤	具体说明
1	盘点前准备	（1）制订盘点计划：确定盘点的时间、范围（如全店盘点或部分区域盘点）和人员分工 （2）准备盘点工具：如盘点表、计算器、扫描枪等 （3）通知员工和顾客：提前告知员工盘点时间，以便其安排工作；同时，通过店内公告或社交媒体告知顾客，以减少盘点对顾客购物的影响
2	盘点过程	（1）按照计划进行盘点：按照盘点计划，逐一检查货架上的商品，确保每个商品都被盘点 （2）记录盘点数据：将盘点结果记录在盘点表上，或使用扫描枪等电子工具进行记录，以确保数据的准确性和完整性 （3）处理异常情况：在盘点过程中，如发现商品丢失、损坏或过期等，应及时记录并上报，以便后续处理
3	盘点后工作	（1）核对数据：将盘点结果与系统数据进行核对，找出差异并分析原因。差异可能源于人为错误、系统错误或实际损耗等 （2）调整库存：根据盘点结果，对库存进行必要的调整，确保库存数据的准确性 （3）制定改进措施：针对盘点过程中发现的问题，制定相应的改进措施，如加强员工培训、优化库存管理系统等

（2）定期盘点库存的注意事项

定期盘点库存的注意事项如图5-5所示。

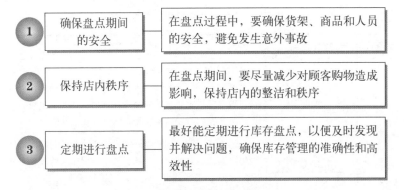

图5-5　定期盘点库存的注意事项

5.2　实行先进先出原则

便利店商品管理实行"先进先出"原则，是确保商品质量和减少损耗的重要策略。也就是说，在库存管理中，按照入库的时间顺序整理商品，将先入库的商品先出库。

这一原则在便利店经营的多个方面都有所体现。首先，在商品陈列上，店员需要经常检查商品的日期，确保先入库的商品被优先摆放在货架的前沿，以便顾客取用，同时减少商品过期的风险。其次，在商品入库和出库时，应严格遵守先进先出的顺序，避免后进的商品先出库，确保库存中的商品始终保持新鲜状态。

5.3　建立安全库存机制

根据销售数据和市场需求，为每个商品品种、规格和型号建立合理的安全库存量，有助于避免因缺货导致销售损失，同时也能防止库存积压造成成本浪费。表5-5所示是建立安全库存机制的要点。

表5-5　建立安全库存机制的要点

序号	建立要点	具体说明
1	确定安全库存水平	根据销售数据和市场需求，结合商品的采购周期、销售速度、季节性波动等因素，为每个商品品种、规格、型号等设定合理的安全库存水平。这一水平应能够应对突发的市场需求波动或供应链延迟等情况
2	定期评估和调整	安全库存水平并非一成不变，便利店应定期评估销售数据、库存状况和市场趋势，根据实际情况对安全库存水平进行调整。例如，在销售旺季到来之前，可以适当增加安全库存量，以应对可能的销售高峰
3	引入信息系统	利用现代信息系统，如ERP、WMS等，实时监控库存状况，根据销售数据和预测模型自动调整安全库存水平。这些系统可以帮助便利店更准确地预测市场需求，优化库存结构，降低库存成本
4	建立预警机制	当库存量低于安全库存水平时，系统自动触发预警机制，提醒便利店及时补货或调整销售策略。这有助于便利店快速应对库存不足的情况，避免缺货损失

5.4　引入第三方物流公司

专业的第三方物流公司能够实现商品的分拣、配送、退货等一站式服务，提高物流效率和准确性，从而降低库存成本。

5.5　建立信息共享平台

通过信息共享平台，实现门店、仓库、物流等各部门之间的信息共享和协同作业。这有助于提高整体运营效率，减少因信息不畅导致的库存问题。

5.6　强化员工培训

加强员工对库存管理技能和业务流程的掌握，提高员工的工作积极性和责任心。确保员工能够熟练掌握库存管理方法，减少人为因素导致的库存问题。

5.7　分类管理库存商品

按照商品类型、品牌、生产日期等对商品进行分类，有助于店铺管理和商品统计，也能防止商品产生滞销问题。

5.8　合理掌控订单信息

了解并收集订单信息，明确便利店的销量，根据数据预测并控制库存。同时，与供应商建立有效的管控机制，确保订单商品及时供应。

案例分享

××便利店位于城市繁华的商业区，拥有稳定的客流量和较高的销售额。为了进一步提高经营效率和顾客满意度，该店决定对商品采购与库存管理进行优化。

在商品采购方面，便利店管理人员首先对销售数据进行了深入分析，确定了畅销商品和滞销商品。对于畅销商品，他们与供应商建立了长期的合作关系，确保商品供应稳定，价格具有竞争力。同时，他们还定期参加行业展会，与供应商直接沟通，及时了解市场新品和流行趋势，为店铺引入更多符合消费者需求的商品。

在库存管理方面，便利店管理人员采用了先进的库存管理系统。他们通过实时记录库存状态、自动提醒缺货商品以及一键完成商品盘点等功能，实现了对库存的精细化管理。同时，还根据商品的销售情况和库存周转率，制订了合理的库存计划，避免库存积压和浪费。

此外，他们还注重库存数据的分析和利用，定期分析商品的销量、毛利率等关键指标，并根据分析结果调整商品结构和采购策略。例如，对于毛利率较高的商品，他们适当增加了库存量；对于销量下滑的商品，则及时与供应商沟通调整采购计划。

通过优化商品采购与库存管理，该便利店不仅提高了经营效率，还降低了库存成本，增加了利润空间。同时，由于库存充足且结构合理，顾客满意度也得到了提升。

案例点评：

这个案例表明，通过深入分析销售数据、与供应商建立稳定合作关系、采用先进的库存管理系统以及注重库存数据的分析和利用，便利店可以实现对商品采购与库存管理的有效优化，从而提高经营效率和顾客满意度。

第 6 章

商品分类与陈列艺术

关键词：
合理分类
整洁美观
定期更新

科学的商品分类，有助于便利店开展采购管理、陈列管理、销售管理，以及较好地掌握经营业绩。通过合理的陈列布局和创新的陈列方式，可以吸引更多顾客，提升销售额。

【要点解读】▶▶▶ -

1 商品分类方法：条理清晰，方便选购

商品的分类是指按照一定目的，选择适当的分类方法，将商品科学地、系统地划分为不同的大类、中类、小类、品类或品目、品种，以及规格、品级等细目的过程。

相对来说，便利店营业面积较小，商品种类较少。如何在有限的营业空间里通过商品向顾客传递信息，是便利商店经营者必须考虑的问题。

从经营者的角度出发，商品分类要达到"易于管理""易于统计、分析、决策"的效果；站在顾客的立场，要达到"选择、购买方便""消费或使用方便"的效果。

1.1 按商品之间的销售关系分类

根据商品之间的销售关系，商品可分为独立品、互补品、条件品和替代品，具体如图6-1所示。

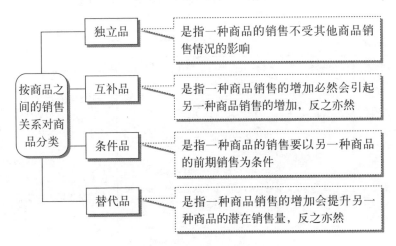

图6-1 按商品之间的销售关系对商品分类

1.2 按商品耐用性和损耗性分类

商品根据耐用性和损耗性可分为耐用品、非耐用品和服务三类，具体如图6-2所示。

图6-2 按耐用性和损耗性对商品分类

1.3　根据消费者购物习惯分类

根据消费者的购物习惯（这里主要指消费品）可将商品分为日用品、选购品、特殊品和非需品四类，具体如表6-1所示。

表6-1　按消费者购物习惯对商品分类

序号	类别	说明	备注
1	日用品	消费者频繁购买，并且花较少精力和时间去比较品牌、价格的消费品	日用品都是非耐用品，而且多为消费者日常生活必需品
2	选购品	消费者会仔细比较适用性、质量、价格和式样，且购买频率较低的消费品	消费者在购买选购品时，一般会花大量的时间和精力收集信息进行比较
3	特殊品	消费者愿意花时间和金钱去购买的具有特殊性质或品牌的消费品	例如特殊品牌和型号的汽车、服装等
4	非需品	消费者不知道，或者知道但是通常并不想购买的消费品，绝大多数新产品都是非需品	店铺应千方百计吸引潜在消费者，扩大销售

当然，商品还有一些其他分类方法。例如，按商品档次，可分为高档品和低档品；根据商品在店铺销售中的作用，分为主力商品、辅助商品和关联性商品。

2　分类原则解析：科学分类，提升效率

便利店的商品分类应遵循图6-3所示的原则。

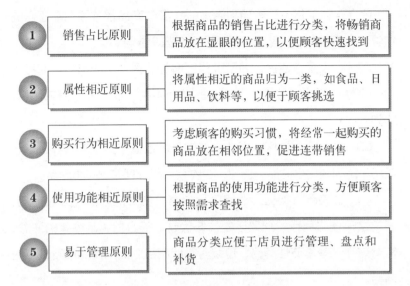

1	销售占比原则	根据商品的销售占比进行分类，将畅销商品放在显眼的位置，以便顾客快速找到
2	属性相近原则	将属性相近的商品归为一类，如食品、日用品、饮料等，以便于顾客挑选
3	购买行为相近原则	考虑顾客的购买习惯，将经常一起购买的商品放在相邻位置，促进连带销售
4	使用功能相近原则	根据商品的使用功能进行分类，方便顾客按照需求查找
5	易于管理原则	商品分类应便于店员进行管理、盘点和补货

图6-3　便利店商品分类的原则

③ 陈列区域划分：合理规划，吸引视线

在便利店里，商品陈列的主要区域有货位区、走道区、中性区和端架区等几部分，具体如图6-4所示。

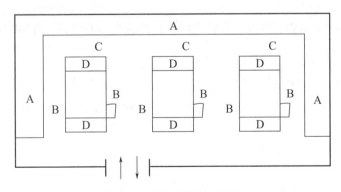

图6-4　商品陈列的主要区域

（1）A表示货位区。便利店中的大多数商品都被陈列在正常的货位区，摆放美观、整洁，以便顾客浏览、选购。

（2）B表示走道区。为了吸引顾客的注意力，突出一些商品的独特个性以及促销效果，在卖场的通道中央摆放一些平台或筐篮，陈列商品。

（3）C表示中性区。中性区是指卖场过道与货位的临界区，一般用于陈列突出性商品，例如，在收款台附近摆放一些小商品。

（4）D表示端架区。端架区是指整排货架的最前端或最后端，通常是最佳陈列点。端架区的位置优越，很容易引起顾客的注意，常常陈列一些季节性商品、包装精美的商品、促销商品或新上市的商品。

4 陈列要求详解：美观实用，吸引顾客

通常，不同的商品类型有不同的陈列要求。

4.1 食品类

（1）熟食、烘焙食品等应放在靠近收银台的位置，方便顾客即买即食。

（2）糖果、巧克力等小食品应放在低层货架，便于儿童拿取。

（3）罐装食品、调味品等可按照品牌或口味进行分区陈列。

4.2 饮料类

（1）按照品类（如碳酸饮料、果汁、茶饮等）进行分区陈列。

（2）瓶装饮料应放在货架下层，易拉罐和纸盒装饮料应放在上层。

（3）冷藏饮料应放在冷柜中，确保温度适宜。

4.3　日用品类

（1）纸巾、湿巾等卫生用品应放在显眼位置，方便顾客快速找到。

（2）洗发水、沐浴露等洗护用品可按照品牌或功能进行陈列。

4.4　便利性商品

口香糖、电池等小商品可放在收银台附近，方便顾客结账时顺便购买。

4.5　促销商品

（1）将促销商品放在显眼位置，如门口、收银台附近，或使用特殊陈列架进行展示。

（2）使用醒目的促销标签和价格标识，吸引顾客的注意。

5　陈列技巧揭秘：巧妙布局，提升销量

如果只是简单地把商品随意摆放，那便利店只能说是一个杂货店。要想让便利店充满活力，经营者除了要在店铺装修、商品质量、服务和性价比上下功夫外，在商品的陈列上也需多费心。那么便利店应如何进行商品陈列呢？可参考图6-5所示的技巧。

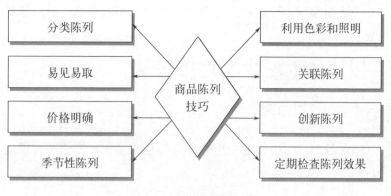

图6-5 商品陈列技巧

5.1 分类陈列

将商品进行分类，如食品、饮料、日用品等。每类商品应有专门的陈列区域，以方便顾客快速找到所需商品。

5.2 易见易取

商品应摆放在顾客容易看到和取到的地方。例如，将畅销商品和高利润商品放在货架的显眼位置，而将重量较大或体积较大的商品放在货架的底层。

5.3 价格明确

每个商品都应有明确的价格标签，且标签应放置在顾客容易看到的位置。这有助于顾客快速了解商品价格，减少询问和犹豫的时间。

5.4　季节性陈列

根据季节变化调整商品陈列区域。例如，在夏季可以将冷饮和冰激凌等商品放在显眼位置，而在冬季则可以突出热饮和暖宝宝等商品。

5.5　利用色彩和照明

通过色彩和照明的搭配，营造出舒适的购物环境。例如，暖色调的灯光可以营造出温馨的氛围，而鲜艳的色彩则可以吸引顾客的注意力。

5.6　关联陈列

将相关商品摆放在一起，方便顾客搭配购买。例如，将面包和果酱放在相邻的位置，或者将牙膏和牙刷放在同一区域。

5.7　创新陈列

尝试一些新的陈列方式，如悬挂式陈列、堆叠式陈列等，可以增加商品的立体感和层次感。

5.8　定期检查陈列效果

经营者需要定期检查便利店的陈列效果，并根据顾客反馈和销售数据进行调整。同时，也需保持货架的整洁和美观，提升顾客的购物体验。

　　某城市的一家便利店位于繁华的商业街，周围有多个办公楼和居民小区，客流量较大。为了提升顾客的购物体验和销售额，该便利店对商品进行了细致的分类，并采用了创新的陈列方式。

　　在商品分类方面，该便利店根据商品的属性和顾客需求，将商品分为食品、饮料、日用品和便利性商品四大类。食品包括熟食、面包、零食等；饮料涵盖了瓶装水、茶饮、果汁等；日用品包括洗漱用品、文具、卫生用品等；便利性商品则包括口香糖、电池等小商品。每个类别下又细分了多个小类。例如，将食品分为熟食区、烘焙区、零食区等，确保顾客能够快速找到所需商品。

　　在商品陈列方面，该便利店采用了多种创新的陈列方式。首先，店主根据商品的销售情况和顾客购买习惯，将畅销商品和高利润商品摆放在货架的显眼位置，如收银台附近和店铺入口处。同时，还利用货架进行不同层次的陈列，将重量较轻、体积较小的商品放在上层，将重量较大、体积较大的商品放在下层，以方便顾客拿取。

　　此外，该便利店还注重商品的关联陈列。店主将相关商品摆放在相邻位置，如将面包和果酱、牛奶等放在一起，方便顾客进行搭配购买。同时，还根据季节和节日进行调整，如在夏季增加冷饮和冰激凌的陈列，在春节期间增加年货和礼盒的陈列。

　　为了提升陈列的美观度和吸引力，该便利店还注重色彩搭配和照明设计。店主通过使用明亮的灯光和鲜艳的色彩来突出商品的特性和品质，营造出舒适、温馨的购物环境。

案例点评：

通过上述商品分类与陈列策略，该便利店的销售额得到了显著提升，顾客满意度也大幅提高。这个例子充分体现了合理的商品分类和创新的陈列方式对于提升便利店经营效果的重要性。

第 7 章

员工管理与团队打造

对于便利店来说，管理员工也是一门学问。通过科学的管理和有效的措施，可以激发员工的工作积极性和创造力，提升便利店的整体运营水平和顾客满意度。

【要点解读】▶▶▶ — — — — — — — — — — — — — — —

1 员工招聘秘籍：精挑细选，招募精英

一般来说，连锁便利店的新员工招聘是由总部的人力资源部门负责，店长只需要提交增员申请即可。而独立的便利店则要由店主亲自招聘新员工。店主可从图7-1所示的几个方面入手，确保招聘到合适的员工，为便利店的稳健发展奠定坚实基础。

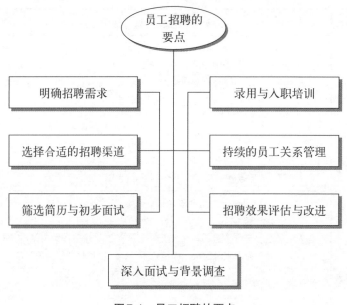

图7-1　员工招聘的要点

1.1　明确招聘需求

在便利店的招聘过程中，明确招聘需求是第一步，也是至关重要的一步。经营者应对店铺当前和未来的人员需求进行深入的分析和规划，具体步骤如表7-1所示。

表7-1　明确招聘需求的步骤

序号	操作步骤	具体说明
1	岗位分析与规划	便利店经营者需要详细分析现有岗位的职责、工作量和所需技能。然后根据店铺的规模和业务特点，确定招聘的岗位类型，如收银员、店员、货架补货员等。同时，考虑店铺面临的季节性变化或业务扩张计划，预测未来一段时间新增的岗位需求

序号	操作步骤	具体说明
2	人员配置与需求预测	根据岗位分析，可以计算出每个岗位所需的人员数量。经营者需要考虑店铺的营业时间、客流量、销售额等因素。同时，要预测因员工离职、晋升或转岗而产生的岗位空缺，以便提前制订招聘计划
3	招聘标准的制定	明确招聘需求时，还需要制定具体的招聘标准。这些标准包括应聘者的学历、工作经验、技能水平、性格特点等。经营者可以根据岗位需求和店铺文化，制定相应的招聘标准，以确保招聘到符合要求的员工
4	考虑市场与竞争因素	在制定招聘需求时，经营者还需要考虑市场和竞争因素。例如，了解同行业其他店铺的薪资水平，以便提供具有竞争力的薪酬和福利。同时，关注劳动力市场的变化，如求职者数量、技能水平等，以便及时调整招聘策略
5	与总部相关部门沟通	明确招聘需求时，便利店经营者还需要与总部相关部门进行充分沟通。例如，与管理层沟通，了解其对人员配置和招聘标准的看法；与人力资源部门沟通，了解招聘流程和资源支持等，以确保招聘需求更加准确、全面

1.2　选择合适的招聘渠道

根据招聘需求，经营者应选择适合的招聘渠道，如线上招聘平台、社交媒体、校园招聘等。同时，也可以与当地的人才市场或职业介绍机构合作，扩大招聘范围。

1.3　筛选简历与初步面试

收到应聘者的简历后，应进行仔细筛选，评估应聘者的教育背景、工作经验、业务技能等是否符合岗位要求。对于筛选合格的应聘者，可以安排面试，进一步了解其性格、沟通能力、服务态度等。

1.4 深入面试与背景调查

初步面试后，对于表现优异的应聘者，可以安排更深入的面试，如第二轮面试或专业测试。同时，进行必要的背景调查，了解应聘者的工作经历、信用状况等，以确保招聘到诚信可靠的员工。

1.5 录用与入职培训

根据面试和背景调查的结果，确定录用的员工。在员工入职前，应对其进行必要的入职培训，包括便利店的基本知识、工作流程、服务标准等，以确保员工能够快速胜任工作。

1.6 持续的员工关系管理

员工入职后，经营者应持续关注其工作状态和表现，及时提供必要的支持和帮助。同时，营造良好的工作氛围，增强员工的归属感和忠诚度，降低员工流失率。

1.7 招聘效果评估与改进

经营者应定期对招聘活动的效果进行评估，包括招聘周期、招聘成本、员工满意度等方面。并根据评估结果，及时调整招聘策略和方法，提高招聘效率和质量。

2 员工培训指南：技能提升，助力成长

经营者需要注重培训内容的全面性、培训方式的多样性以及培训效果的评估与改进。通过有效的培训，可以提升员工的服务质量

和运营效率，为店铺的稳健发展奠定坚实基础。

2.1 培训内容

便利店员工的培训内容应涵盖多个方面，以确保员工能够胜任工作岗位，并提升店铺的整体运营效率和服务质量。表7-2所示是便利店员工培训的主要内容。

表7-2 便利店员工培训的内容

序号	培训内容	具体说明
1	店铺政策与理念	员工需要深入理解店铺的经营政策、服务宗旨和文化理念，以便于在日常工作中为顾客提供优质的服务
2	商品知识	员工需要掌握店铺内各类商品的基本知识，包括商品的名称、用途、特点、价格以及品牌等。此外，对于特色商品或新品，员工还需要了解其特有属性，以便向顾客推荐
3	服务技能与态度	员工需要学习如何提供热情、周到的服务，包括主动问候顾客、处理顾客咨询和投诉、收银、包装等。同时，员工还需要保持良好的服务态度，不断提升顾客满意度
4	店内管理流程	员工需要了解并掌握店铺的日常管理流程，包括商品的陈列、盘点、补货、清洁等。此外，员工还需要学习如何处理突发事件，如顾客纠纷、商品损坏等
5	安全知识与操作	员工需要熟悉店铺的安全规定和操作规程，能正确使用防火设施，知晓店铺的紧急出口等。同时，员工还需要了解基本的急救知识，以应对突发情况
6	团队协作与沟通	员工需要学习如何与同事和上级有效沟通，协同完成工作任务。通过团队协作培训，员工可以更好地理解团队目标，发挥个人优势，为店铺的整体发展贡献力量

除了以上主要内容外，便利店还可以根据员工的个人发展需求和店铺的运营需要，为员工提供晋级前的培训、新知识新观念新技术的培训以及改善人际关系的培训等。这些培训有助于员工不断提升个人能力和素质，为店铺的长期发展提供有力支持。

2.2 培训方式

便利店的培训方式多种多样，旨在提升员工的专业技能和服务质量，满足便利店日常运营的需求。一般来说，便利店有图7-2所示的三种培训方式。

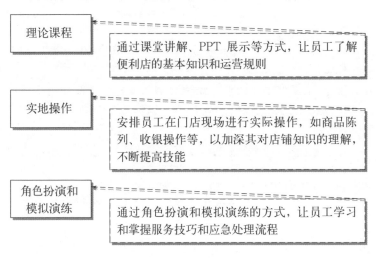

图7-2 便利店的培训方式

便利店还可以根据员工的实际情况，制定个性化的培训方案，以满足不同岗位和层级的培训需求。

2.3 培训周期与安排

培训周期可以根据店铺的运营需求和员工的实际情况进行调整。一般来说，新员工入职后需要进行一段时间的集中培训，然后在日常工作中持续提升技能和更新知识。

2.4 培训效果评估

培训结束后，需要对员工的培训效果进行评估。这样不仅有助于了解员工的学习状况，还能为今后培训内容的改进提供依据。便利店可以采取表7-3所示的方法来评估培训效果。

表7-3 培训效果评估方法

序号	评估方法	具体说明
1	考试与测验	通过开展闭卷考试或在线测试，检验员工对培训内容的掌握程度。考试内容应涵盖培训的核心知识点和技能，以确保员工真正理解和掌握培训内容
2	技能操作评估	针对便利店的实际业务，如收银、商品陈列、货品管理等，进行现场操作评估。通过观察员工的操作过程，可评估其技能掌握程度和实际操作能力
3	工作表现评估	在培训结束后的一段时间内，观察员工的工作表现，包括工作态度、服务质量、销售业绩等方面，评估培训对员工工作表现的影响
4	顾客反馈	收集顾客对员工服务的意见，了解员工在培训后工作是否有所提升。顾客满意度是衡量员工培训效果的重要指标之一
5	员工自评与互评	组织员工进行自评和互评，可以让员工深入了解自己的优缺点，以及与他人的差距

序号	评估方法	具体说明
6	跟踪调查	在培训结束后的一段时间内，开展跟踪调查，了解员工在实际工作中是否运用了所学知识和技能，且效果如何。这种方式有助于评估培训的长期效果
7	数据分析	通过收集并分析培训前后的销售、顾客满意度等数据，来评估培训效果。这种方法能够得到客观、具体的评估结果

通过以上评估方法，可以全面了解便利店培训的效果，及时改进培训内容与方式。同时，根据评估结果，还可以对员工进行针对性的辅导和帮助，提升员工的整体素质和业务水平。

表7-4所示是××便利店新员工培训评估表。

表7-4　××便利店新员工培训评估表

工作事项	测评结果 （优、良、中、差）	备注
一、店铺清洁		
（1）根据工作分配完成清洁工作		
（2）熟练使用各种清洁用具		
二、收货程序		
（1）于店内指定地方收货		
（2）及时安排退换货		
（3）仔细核对送货单上的地址及店号		
（4）检查订货记录及应收货品的名称、数量、品质、容量及保质期		
（5）同时修改错单的正本及副本		
（6）点收无误后，盖章及签名		

工作事项	测评结果 （优、良、中、差）	备注
（7）即时登记送货单并妥善保存		
（8）整个收货程序由同一店员执行		
三、货品处理及货架整理		
（1）检查货品是否损坏或过期		
（2）依照货品陈列图摆放		
（3）将新货放于旧货之后，以便先销售旧货		
（4）清洁货品及货架		
（5）将正确的价格牌置于货品的左下角，供顾客查阅		
（6）及时补充货品，以免缺货		
（7）缺货时插上缺货牌		
（8）在货品背面右上角打上正确的货品编号		
四、坏货、消耗品、自用品的处理		
（1）取出已损坏或过期的货品，停止售卖		
（2）登记坏货，并交给经理检查		
（3）登记店铺自用的货品		
五、推广活动		
（1）清楚"推广备忘录"的位置		
（2）根据"推广备忘录"张贴海报		
（3）根据"推广备忘录"陈列货品		
（4）向顾客推介推广产品		
六、交班程序		
（1）在指定时间内进行交班		

工作事项	测评结果 （优、良、中、差）	备注
（2）交班期间也要提供良好的服务		
（3）清点钱数，画线，双方签名确认		
（4）交班程序正确		
七、HHT（手持终端）操作		
（1）用HHT准确输入收货资料		
（2）利用HHT查核货品价钱是否与货品牌相同		
（3）准确填写价格牌各项内容		
（4）利用HHT收钱		
（5）准确在HHT中输入上下班时间		
总得分		

2.5　持续学习与提升

便利店行业在不断发展和变化，员工需要持续提升自己的业务技能。店铺可以定期组织内部培训、分享会等活动，鼓励员工分享工作经验和学习心得，促进团队整体提升。

3　员工激励策略：激发潜能，提升动力

便利店应从多个方面入手，结合店铺的实际情况和员工需求，制定切实可行的员工激励措施。通过有效的激励，可以激发员工的工作积极性，提高服务质量，为店铺的稳健发展奠定坚实基础。

3.1　薪酬与福利激励

便利店应建立合理的薪酬体系，确保员工的付出与回报成正比。并根据员工的工作表现、工作业绩，给予其相应的薪资调整或奖金激励。

同时，提供多样化的福利，如健康保险、带薪休假、节日福利等，以满足员工的不同需求，增强员工的归属感。

3.2　职业发展与晋升机会

明确员工的晋升通道和晋升标准，让员工知晓自己在店铺的发展前景。同时，向员工提供内部培训和外部学习机会，帮助员工提升技能水平，为其晋升打下坚实基础。

3.3　认可与荣誉激励

开展月度、季度或年度优秀员工评选活动，对表现突出的员工给予表彰和奖励，激发员工的进取心。及时给予员工正面的评价和认可，增加员工工作的动力。

3.4　工作环境与氛围

营造积极、和谐的工作氛围，让员工感受到团队的温暖和力量。提供舒适的工作环境，如合理的店铺布局、良好的照明和通风等，确保员工在舒适的环境中工作。

3.5　参与决策权

鼓励员工参与店铺的决策，提出改进意见，参与制定规章制度等，让员工感受到自己被重视。

设立员工建议箱或定期召开员工座谈会，收集员工的意见和建议，及时解决问题，提高员工的满意度。

3.6　弹性工作时间与远程办公

在保证工作效率的前提下，为员工提供弹性工作时间，帮助员工更好地平衡工作和生活。对于部分岗位，可以考虑实施远程办公。

4　员工考核体系：公正评价，奖罚分明

便利店员工考核是确保员工工作效率和服务质量的关键环节。通过有效的员工考核，店主可以及时了解员工的工作表现，采取措施激励员工不断提升自己的工作能力和服务质量，进而提升店铺的整体运营水平和顾客满意度。

4.1　考核内容

一般来说，便利店员工考核的内容主要如下。

（1）工作表现。主要评估员工的日常工作表现，包括工作态度、工作效率、工作质量等方面。例如，员工是否准时到岗、是否积极主动地完成工作任务、是否遵守操作规范等。

（2）业务能力。考核员工对便利店业务知识和技能的掌握程度，包括商品知识、陈列技巧、收银操作、顾客服务等。员工应熟悉各类商品的特性和价格，掌握有效的陈列和促销方法，能够熟练地进行收银和顾客服务。

（3）团队协作与沟通能力。评估员工在团队中的协作精神和沟通能力。员工应与同事保持良好的合作关系，协同解决问题，同时还需要具备良好的沟通技巧，能够与顾客进行有效的沟通。

表7-5所示是××便利店员工绩效考核表。

表7-5　××便利店员工绩效考核表

项目	考核内容	各项分值	考核得分	评语	
				店长助理意见	店长意见
仪容仪表	（1）穿着规范、统一	4			
	（2）服装洁净、整齐	3			
	（3）妆容得体，无过多装饰品	3			
	（4）精神饱满，服务规范	3			
工作态度	（1）适应能力和学习能力较强	4			
	（2）遵守规范，忠于本职工作，服从领导安排	4			
	（3）做人诚实	4			
	（4）工作主动、积极	4			
	（5）有团队精神	4			
	（6）面对工作压力有较好的心理承受力	3			
业务能力	（1）了解店内商品情况	4			
	（2）商品陈列规范	3			
	（3）设备使用熟练、准确	3			
	（4）收银规范	4			

项目	考核内容	各项分值	考核得分	评语 店长助理意见	评语 店长意见
谈吐态度	（1）服务用语规范	3			
	（2）礼貌、热情、大方、亲切	3			
	（3）不串岗、不聊天、不做私事	4			
工作质量	（1）收银无差错	4			
	（2）准确介绍商品情况	4			
	（3）顾客满意门店的服务，无抱怨、无投诉	4			
	（4）店面整齐，补货及时	3			
	（5）店铺整洁	3			
	（6）设备保养按操作手册执行	4			
其他	（1）交班流程妥当	3			
	（2）注重防火、防盗	3			
	（3）冷静、有效处理突发事件	3			
	（4）爱护公共物品	3			
	（5）节约用电、用水	3			
	（6）能提出可行性建议	3			

应出勤天数	实际出勤天数	迟到	旷工	事假	病假	其他	扣分	等级

总计分数	
被考核人意见	

4.2　考核方式

（1）定期考核。便利店可以设定固定的考核周期，如每月、每季度或每年进行一次考核，这样可以及时了解员工的工作表现。

（2）不定期抽查。除了定期考核外，便利店还可以开展不定期抽查，了解员工在日常工作中的表现。通常通过现场观察、顾客反馈等方式进行。

4.3　考核流程

对员工进行考核，便利店可采取图7-3所示的流程。

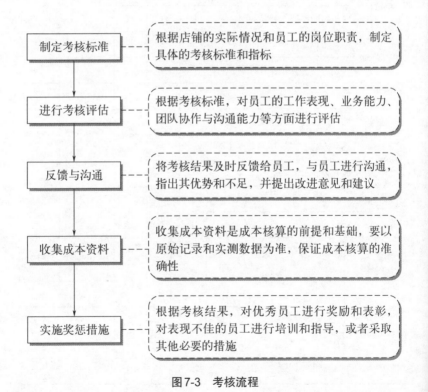

制定考核标准	根据店铺的实际情况和员工的岗位职责，制定具体的考核标准和指标
进行考核评估	根据考核标准，对员工的工作表现、业务能力、团队协作与沟通能力等方面进行评估
反馈与沟通	将考核结果及时反馈给员工，与员工进行沟通，指出其优势和不足，并提出改进意见和建议
收集成本资料	收集成本资料是成本核算的前提和基础，要以原始记录和实测数据为准，保证成本核算的准确性
实施奖惩措施	根据考核结果，对优秀员工进行奖励和表彰，对表现不佳的员工进行培训和指导，或者采取其他必要的措施

图7-3　考核流程

在考核过程中，要确保考核标准的合理性和一致性，不要主观臆断和偏见。另外，员工是被考核的对象，他们的意见对于改善考核体系和考核效果具有重要意义。因此，便利店应该积极收集员工反馈的意见，不断完善考核体系。

5 日常行为规范：规范行为，树立形象

便利店员工的日常行为规范涵盖了仪容仪表、服务态度、工作纪律、商品管理、卫生与安全以及团队协作等多个方面。员工遵守日常行为规范，有助于提升店铺的整体形象和服务质量，为顾客提供更好的购物体验，具体如表7-6所示。

表7-6　日常行为规范的内容

序号	行为规范要点	具体说明
1	仪容仪表	员工应保持规范的仪容仪表，包括整洁的制服、得当的发型和妆容。这样有助于给顾客留下深刻的印象，并展现店铺的良好形象
2	服务态度	员工应始终保持热情、友好的服务态度，对顾客的需求和疑问给予耐心解答。同时，要学会倾听顾客的意见和建议，不断提升服务质量
3	工作纪律	员工应严格遵守工作纪律，包括按时上下班、不擅自离岗、不聚众聊天等。在工作时间内，员工应专注于本职工作，不要从事与工作无关的活动

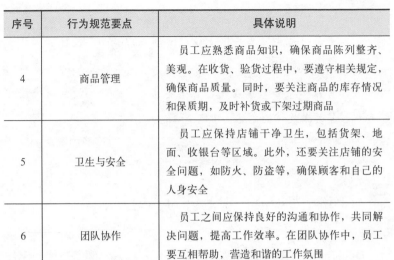

序号	行为规范要点	具体说明
4	商品管理	员工应熟悉商品知识，确保商品陈列整齐、美观。在收货、验货过程中，要遵守相关规定，确保商品质量。同时，要关注商品的库存情况和保质期，及时补货或下架过期商品
5	卫生与安全	员工应保持店铺干净卫生，包括货架、地面、收银台等区域。此外，还要关注店铺的安全问题，如防火、防盗等，确保顾客和自己的人身安全
6	团队协作	员工之间应保持良好的沟通和协作，共同解决问题，提高工作效率。在团队协作中，员工要互相帮助，营造和谐的工作氛围

 相关链接 ·····························

便利店团队高效沟通的秘诀

便利店团队的高效沟通是确保团队成员之间信息传递、团结协作以及解决问题的关键环节。以下是一些便利店团队沟通的重要原则和策略。

第一，明确沟通的目标和内容。在沟通之前，团队成员应明确沟通的具体目标和内容，这样有助于避免误解，提高沟通效率。

第二，选择合适的沟通方式。团队沟通可以采取多种方式，如面对面会议、电话沟通、电子邮件等。团队成员应考虑信息的紧急程度、重要性以及团队的实际情况，选择最合适的沟通方式。

第三，营造开放、坦诚的沟通氛围。团队成员应相互尊重，耐心倾听对方的意见和建议，避免产生隔阂和误解。在沟通过程中，团队成员应积极发表自己的看法，提出建设性的意见和建议，以促进团队的发展和进步。

第四，注重信息的准确性和完整性。在沟通时，团队成员应确保所传达的信息准确、完整，避免产生歧义。对于重要的信息，应进行多次确认和核实，以确保信息的准确性。

第五，及时反馈和跟进。在沟通结束后，团队成员应对沟通结果进行反馈和跟进，确保所有成员对沟通结果都有清晰的认识，并根据沟通结果采取相应的措施。这样有助于巩固沟通成果，推动团队工作顺利进行。

除此之外，便利店团队沟通还需要注意一些具体细节。例如，在沟通时，要注意使用礼貌用语，避免使用攻击性或侮辱性的语言；在表达观点时，要使用清晰、明确的词语，避免模棱两可或含糊不清；在听取他人意见时，要耐心、认真，不能打断或忽视他人的发言等。

通过有效的团队沟通，便利店团队成员可以更好地协作，从而提高工作效率和服务质量，为店铺的稳健发展提供有力保障。

6 员工排班管理：合理安排，确保效率

对于24小时营业的便利店，随时都会有顾客来购物。因此，便利店必须做好每日的排班工作。店主在排班时，需要注意图7-4所示的要点。

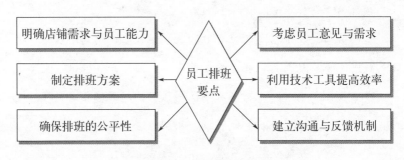

图7-4 员工排班要点

6.1 明确店铺需求与员工能力

首先，店主需要深入了解店铺的运营状况，包括每天的客流量、销售高峰时段、特殊促销活动等内容。同时，也要考虑员工的能力、经验和工作效率，将最合适的人员安排在最适合的岗位上。

6.2 制定排班方案

店主应根据店铺需求和员工能力，制定一份详细的排班方案。包括每天的工作时间、休息时间和轮班安排，以确保店铺在任何时候都有足够的人手来满足顾客需求。

6.3 确保排班的公平性

店主在排班时，要尽可能确保公平，避免员工之间产生不满和冲突。可以通过轮换岗位、调整工作时间等方式来缓解员工的工作压力。

6.4 考虑员工意见与需求

排班计划并非一成不变，店主应该根据员工的意见和需求进行适时调整。

6.5 利用技术工具提高效率

现代技术工具，如排班软件，可以帮助店主高效地管理员工。这些工具可以实现排班过程自动化，减少人为错误，同时提供实时数据来监控和调整排班安排。

6.6 建立沟通与反馈机制

排班管理不仅仅是制定排班方案，店主还需要与员工保持良好的沟通，确保他们了解并遵守排班安排。同时，也要建立反馈机制，鼓励员工对排班安排提出意见和建议，以便不断优化和改进排班方案。

 生意经

通过有效的员工排班管理，店主可以确保店铺正常运营，同时还能提高工作效率，提升员工的满意度和忠诚度，为店铺长期稳定的发展奠定坚实基础。

7　员工交接班管理：无缝衔接，确保顺畅

由于便利店的营业时间较长，因此员工需要交接班。店主应制定规范的交接班程序，以免员工在交接班中出现问题。

（1）交接班记录本中填写的商品数量必须与实际库存数量相符，交接班双方应当场清点商品数量并签字，若账实不符，查明原因后方可交接班；若商品丢失，应及时报告店主。

（2）交接班记录本不得随意撕页，应填写完整。

（3）交接班记录本应妥善保管，店主将不定期对交接班记录本进行抽查。

（4）商品验收、调入、销售退回（红字说明）时，应在交接班记录本背面注明商品配送单号、验收单号或商品出库单号、调拨（调入）单号等信息，由交班人和接班人同时签名确认，并交店主审核。

（5）商品销售、调出、进货退回（退还供应商或返回仓库，用红字说明）和熟食商品报损等，应在交接班记录本背面注明销售小票流水号、调拨（调出）单号及熟食商品报损单号，由交班人和接班人同时签名确认，并交店主审核。

（6）填写交接班记录本时，字迹要工整，不得涂抹。

8　员工离职管理：妥善处理，维护和谐

当员工提出离职时，店主应认真分析员工离职的原因，并采取措施，降低员工离职率。

8.1　分析员工离职原因

一般来说，员工离职原因有以下几种。

（1）为了实现自身的价值，谋求更好的发展。

（2）为了追求更高的薪酬。

（3）认为便利店的工作技术含量不高，也不稳定。

8.2　降低员工离职率的措施

为了更好地留住员工，店主可采取以下措施。

（1）物质激励。比如，给员工支付较高的工资，提高员工的福利待遇等。

（2）精神激励。比如，增加感情投入，充分信任员工等。

图7-5所示是便利店不同阶段的留人措施。

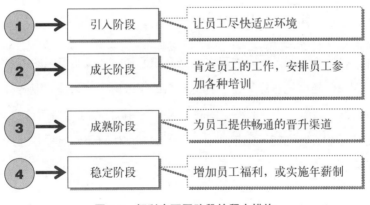

图7-5　便利店不同阶段的留人措施

8.3　受理员工离职

（1）如果员工要离职，店主应先与其进行正式谈话，表示挽留。

（2）如果员工执意要离职，应让其填写离职申请表，并上交便利店发放的工作用品，如工服、工牌等，同时填写离职清单。待店主签字确认后，员工方可正式离职。

8.4　工作交接

在员工离职前，店主应安排该员工与接替者进行工作交接，包括工作内容、进度、顾客资料等，确保接替者能够迅速熟悉工作内容。

8.5　薪资结算

员工离职时，店主应按照规定与其进行薪资结算，包括工资、奖金、福利等。

8.6　离职面谈

在员工离职前，店主可以进行离职面谈，了解员工离职的真实原因及对店铺的意见和建议。这样有助于改进店铺管理，提升员工满意度，降低员工离职率。同时，店主还可以向员工收集工作交接、店铺运营等方面的意见与建议，以便更好地优化工作流程，提升服务质量。

8.7　离职记录与总结

店铺应做好员工离职记录，包括离职原因、离职日期、工作表现等信息，为制定有效的离职管理策略提供依据。同时，店铺还应总结离职管理的不足，不断完善离职管理流程。

　　××便利店是一家知名的连锁便利店，以高效的服务和丰富的商品种类广受消费者的喜爱。然而，随着市场竞争的加剧，××便利店面临着员工离职、服务质量不稳定等问题。为了改善这一状况，××便利店决定对员工管理策略进行全面调整。

1.策略实施

　　（1）明确岗位职责，加强培训。××便利店首先梳理了各个岗位的职责，并对员工开展有针对性的培训。新员工入职时，会接受为期一周的入职培训，包括店铺政策、商品知识、服务技巧等内容。对于在职员工，××便利店也会定期组织复训，确保员工的知识和技能得到及时更新。

　　（2）建立激励机制。为了激发员工的工作积极性，××便利店制定了绩效考核和奖励制度。员工的薪资与绩效挂钩，表现优异的员工可以获得额外的奖金和晋升机会。此外，××便利店还通过开展"月度优秀员工"和"年度最佳员工"等评选活动，激励员工努力工作。

　　（3）团队建设与沟通。××便利店注重团队文化建设，定期组织团建活动和召开内部沟通会议，不仅增强了员工的凝聚力和归属感，还为员工提供了一个交流经验和解决问题的平台。同时，××便利店还鼓励员工提出工作改进意见和建议，并给予相应的奖励。

　　（4）弹性排班与福利政策。××便利店实行弹性排班制度，员工可以根据自己的情况选择合适的工作时间，这在一定程度上减轻了员工的工作压力。此外，××便利店还为员工制定了完善的福利政策，包括五险一金、带薪年假、节日福利等，进一步提高了员工的满意度和忠诚度。

2.效果评估

经过一段时间的调整，××便利店的员工管理策略取得了显著成效，员工流失率明显降低，服务质量得到了提升，顾客满意度也随之提高。同时，员工的积极性和创造性也得到了有效激发，为××便利店的长期发展奠定了坚实的基础。

案例点评：

这个案例展示了便利店员工管理的一些有效策略，包括明确岗位职责、开展培训、建立激励机制、加强团队建设与沟通、实行弹性排班与制定福利政策等。这些策略不仅可以提升员工的工作效率和满意度，还有助于增强店铺的凝聚力和竞争力。当然，不同的便利店需要根据自身的实际情况和市场环境，选择适合的员工管理策略。

第 8 章

日常运营与管理智慧

关键词：
注重卫生
确保安全
控制损耗

店铺管理至关重要，关系到店铺的整体运营效果。管理是在社会组织中以人为核心的为实现预定目标而进行的协调活动。具体来说，管理的目的是实现组织目标，管理的核心是人。

【要点解读】▶▶▶ -

① 店内设备管理：维护保养，确保运行

便利店的设备管理包括设备的选择与采购、安装与调试、日常维护与保养、故障处理与维修以及更新与升级等多个方面。通过科学的管理和有效的措施，可以确保设备正常运行和店铺高效运营。

1.1 设备选择与采购

在设备选择与采购阶段，便利店需要根据经营需求、店铺预算和规模来确定所需的设备类型和数量。收银系统、冷冻设备、监控

设备等都是便利店常见的设备。同时，便利店应选择性能稳定、操作简便的设备，并注重设备的售后服务和维修便利性。

1.2 设备安装与调试

设备采购完成后，需要进行安装与调试，包括设备的布局规划、安装位置的确定、电源和网络连接等。在设备安装与调试过程中，应遵循相关操作规程，以确保设备稳定运行并满足安全要求。

1.3 设备日常维护与保养

采取科学的维护和保养措施，可以延长便利店设备的使用寿命，提高店铺的运营效率和顾客满意度。

表8-1所示是便利店设备日常维护与保养要点。

表8-1 便利店设备日常维护与保养要点

序号	设备类型	维护与保养要点
1	冷冻冷藏设备	对于冷冻冷藏设备，需关注商品的摆放和设备的清洁。要避免商品堵住冷柜的出风口和回风口，确保商品与上方的货架之间、与陈列柜背板之间有足够的间隙，防止凝露发生。要定期清洁陈列柜内部，以免标签、商品碎片等杂物影响化霜水的流动，导致积水而发出臭味。此外，应定期除霜，确保设备制冷效果，延长设备的使用寿命
2	收银设备	应定期清除收银设备的灰尘，不要使用液体及喷雾清洁剂，触摸屏及外壳可用软布擦拭。屏幕缝隙的灰尘颗粒可以使用刷子进行清理。通风口处可以先用毛刷清理两侧的灰尘，再用微湿的软布进行擦拭。需要注意的是，虽然触摸屏本身有一定的耐污性，但员工操作时应保持双手干净，避免油污和汗水覆盖在屏幕上

序号	设备类型	维护与保养要点
3	监控设备	为了保证监控画面的清晰度，延长设备使用寿命，需要定期对监控设备进行清洁。稳定的电源输出对监控设备的运行非常重要，店铺应确保稳定的电力供应。应避免将设备安装在易积水或易受潮的区域，同时做好防水措施
4	其他设备	便利店内的其他设备如照明设备、货架等也需要进行定期检查和维护。例如，应定期检查照明设备是否正常，及时更换损坏的灯泡或灯管；检查货架是否稳固，有无变形或损坏等情况

 生意经

在对设备进行维护和保养前，便利店可以制订详细的维护和保养计划，并指定专人负责。同时，便利店还应建立设备维护档案，记录设备每次维护和保养的情况，以确保设备管理的连续性。

1.4　设备故障处理与维修

当设备出现故障时，便利店应及时处理。首先应对故障进行初步排查，判断故障原因和性质。如果故障可以自行解决，便利店应立即采取措施进行修复；如果故障较为复杂或需要专业人员维修，应联系设备供应商或专业维修机构协助。

1.5　设备更新与升级

随着科技的进步和市场的变化，便利店可能需要更新或升级现有设备，如更换性能更好的设备、升级系统软件等。对于设备的更新与升级，便利店需要综合考虑设备成本、技术可行性、操作便利性等因素，并制订相应的更新计划。

2 日常卫生管理：干净整洁，温馨舒适

便利店日常卫生管理需要从多个方面入手，包括环境清洁、商品管理、员工卫生意识培养等。通过科学的管理，可以确保便利店的卫生达到较高的标准，为顾客提供更加舒适、健康的购物环境，具体如图8-1所示。

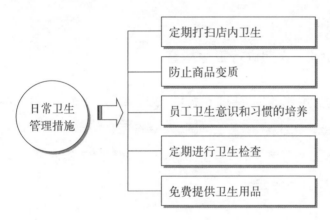

图8-1 日常卫生管理措施

2.1 定期打扫店内卫生

便利店应定期清洁地面、墙面、天花板和玻璃等，确保无垃圾、油污、水渍等。同时，保证商品陈列区域干净整洁，避免灰尘和污渍积累。

2.2　防止商品变质

便利店应定期检查商品的保质期，及时清理过期或损坏的商品。此外，对于食品类商品，要确保适宜的温度和环境，以免食品变质。

2.3　员工卫生意识和习惯的培养

便利店应制定明确的卫生规范，要求员工勤洗手、勤剪指甲、着装整洁等，并定期进行个人卫生检查。同时，员工在操作过程中应遵守卫生规定，如戴口罩、手套等，避免用手直接接触食品或顾客。

2.4　定期进行卫生检查

便利店应定期进行卫生检查，如对商品、设备、环境等进行全面检查，及时发现并解决问题，确保各项卫生指标达标。同时，建立清洁卫生档案，记录清洁计划、检查与整改等情况，以便对卫生管理进行持续跟踪。

2.5　免费提供卫生用品

为了提升顾客的购物体验，便利店还可以考虑免费为顾客提供一些卫生用品，如洗手液、纸巾等，方便顾客随时清洁双手。同时，保持店内空气清新，定期开窗通风或使用空气净化设备，提升顾客的满意度。

3 收银管理：准确无误，提升效率

便利店的收银管理，包括收银员的技能水平、现金和账单管理、顾客服务、收银系统选择以及业绩统计和结账等多个方面。便利店采取有效的措施，可以确保收银工作顺利进行，为顾客提供优质的服务。

3.1 收银员的技能水平

收银员应熟练掌握收银机的操作方法，并能快速、准确地完成收款工作。在收款过程中，收银员需要仔细核对顾客购买商品的数量、金额以及付款方式，同时，还应关注货币的真伪，防止收到假钞。

3.2 现金和账单管理

收银员应确保每笔交易的账单准确无误，并及时记录交易信息。每日营业结束后，收银员需要进行账目核对和现金清点，确保现金和账目一致。此外，收银员还应遵守财经纪律和制度，不得将公款挪作私用或从事其他违规行为。

3.3 顾客服务

在收银过程中，顾客服务也是非常重要的。收银员要保持礼貌，提供专业和高效的服务，确保顾客顺利完成购物并满意离开。收银员还应关注顾客的购物需求，提供必要的帮助，提升顾客的购物体验。

事实上，收银作业不是单纯地为顾客提供结账服务。收银员收取顾客的钱款后，也并不代表整个销售业务就此结束。在整个收银过程中，还包括对顾客的态度、现金作业的管理、促销活动的推广、商品损耗的预防，以及商场的安全管理等内容。

3.4　收银系统的选择

随着科技的进步，越来越多的便利店开始采用收银系统来辅助结账。这些系统通常响应快速，计算准确，支持多种付款方式，能够提高收银效率并减少失误。然而，在选择收银系统时，便利店需要考虑系统的安全性、功能的稳定性，以及店铺的实际需求。

3.5　业绩统计和结账

通过收银系统，便利店可以记录收银员的销售业绩和顾客的购物信息，为店铺管理提供客观依据。同时，对收银员进行严格的权限管理，杜绝舞弊行为发生，确保店铺的钱、物得到严格的控制。

4　商品定价策略：科学定价，稳定盈利

便利店的商品定价是一项重要的决策，它不仅直接影响便利店的盈利状况，还会影响顾客的购买行为。

4.1　商品定价需考虑的因素

店主在给商品定价时，应考虑图8-2所示的因素。

| 商品成本 | 店主需要计算每个商品的成本，包括进货成本、运输成本、仓储成本等。商品价格至少要包括这些成本，以确保店铺不亏本经营 |

| 市场需求与竞争状况 | 如果某种商品市场需求大且竞争相对较小，那么价格可能会相对高一些；反之，如果市场竞争激烈，为了吸引顾客，商品定价应更具竞争力 |

| 商品定位与品牌价值 | 便利店需要明确自己的商品定位，是追求高品质还是性价比。同时，品牌价值也是定价的考量因素，知名品牌的商品往往价格更高 |

图8-2　商品定价需考虑的因素

4.2　便利店的定价策略

便利店的定价策略是确保盈利能力和市场竞争力的关键。表8-2所示是常见的便利店定价策略。

表8-2　常见的便利店定价策略

序号	定价策略	具体说明
1	成本导向定价	这是最基本的定价方法，以商品的成本加上期望的利润来设定价格。然而，这种定价策略往往忽略了市场需求和竞争环境，在实际应用中需要与其他策略结合使用
2	价值导向定价	根据顾客对商品价值的认知来定价。如果顾客认为某个商品有价值，那么即使价格稍高，他们也可能愿意购买。这要求便利店对顾客需求和市场趋势有深入的了解

序号	定价策略	具体说明
3	竞争导向定价	参考竞争对手的价格来设定自己的价格。这种定价策略有助于便利店在市场中保持竞争力，但也会压缩利润空间
4	心理定价	利用消费者的心理特征来设定价格，如尾数定价（9.99元）、整数定价（10元）或声望定价（针对高档商品）等。这些定价策略可以影响消费者的购买决策，提升销量
5	促销定价	通过降价、打折等促销活动来吸引消费者。这种策略在短期内可以提升销量，但应注意不要破坏商品的品牌形象和店铺的长期盈利能力
6	分区定价	根据不同区域的市场情况来设定价格。这样有助于更好地满足当地消费者的需求，提升市场份额
7	服务差别化定价	通过提供增值服务（如送货上门）来设定更高的价格。这种策略可以提升顾客的购物体验，增加顾客的忠诚度

生意经

在制定价格策略时，便利店还需要考虑其他因素，如市场需求、商品特性、库存状况、季节变化等。同时，也应根据市场反馈和业绩数据来不断调整和优化价格策略，以确保店铺的长期盈利能力和市场竞争力。

5　销售分析技巧：数据驱动，优化决策

便利店的商品销售分析是一个综合性的过程，涉及多个方面的数据。通过深入分析，店主可以全面了解店铺的运营状况，发现存在的问题和自身的优势，从而制定更有效的销售策略，提升便利店的销售业绩和盈利能力，如图8-3所示。

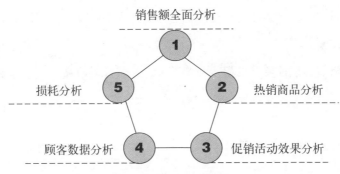

图8-3　商品销售分析的内容

5.1　销售额全面分析

通过分析不同时段、不同类别的商品销售额，店主可以了解商品的销售状况及变动趋势。

比如，比较周末和工作日的销售额，可以揭示顾客购物的习惯；分析某类商品的销售波动情况，有助于了解消费者对此类商品的需求变化。

5.2 热销商品分析

通过分析销售数据，店主可以找出热销商品，进而优化货架摆放和库存管理。

比如，根据销售数据调整便利店内不同区域的商品种类和数量，确保热销商品有充足的展示空间，从而提高销量。

5.3 促销活动效果分析

通过对比促销活动前后的销售数据，店主可以评估促销活动的实际效果。

比如，分析某个促销活动是否带来了销售额的提升，是否吸引了更多的顾客等有助于便利店制定更有效的促销策略。

5.4 顾客数据分析

通过分析顾客的购买行为、购买商品的频率以及购买时间等数据，店主可以了解顾客的消费习惯和购买需求。

比如，通过分析顾客到店的时间和频率，可以发现顾客流量的高峰期和低谷期，从而合理安排员工的工作时间和制订补货计划。

5.5 损耗分析

通过分析损耗数据，店主可以找出损耗产生的原因，如员工操作不当、商品过期等，从而制定相应的改进措施，降低损耗率，提高店铺盈利能力。

便利店商品损耗控制的秘诀

商品的自然损耗是不可避免的，如过期和变质。便利店应建立严格的商品保质期管理制度，定期检查和清理过期商品，避免销售过期产品导致顾客投诉和退货。同时，对于易变质的商品，应优化存储环境，如控制温度、湿度等，以延长商品的保质期。

商品损坏也是产生损耗的重要原因。在商品陈列、搬运和储存过程中，由于操作不当或设备故障，可能导致商品破损或变形。因此，便利店应制定详细的商品陈列和搬运规范，定期对设备进行维护和检查，以减少商品损坏的发生。

此外，偷盗行为也是便利店商品损耗的重要因素，包括顾客偷窃和内部员工盗窃。为了防止偷盗行为，便利店应安装监控设备，增加店内巡逻的次数，同时建立完善的员工管理制度，提高员工的职业道德和个人素质。

管理不善也是商品损耗的重要原因，例如，收银差错、标价错误、陈列不当等。因此，便利店应定期对员工进行培训和考核，提高他们的业务能力和责任心，确保各项工作准确和高效地开展。

最后，便利店还应关注库存管理和货品展示。合理的库存控制可以减少库存积压，降低库存成本；而准确的货品展示则有助于提升顾客购物体验，提高销售额。

综上所述，损耗分析涉及多个方面，便利店需要从商品管理、员工管理、设备维护等多个角度入手，制定有效的措施来降低损耗，提高经济效益。同时，便利店还应根据市场变化和顾客需求不断调整和优化经营策略，提升店铺的竞争力。

6 财务管理：精打细算，稳健经营

便利店的财务管理是一项复杂而重要的工作，主要包括以下几个方面。

6.1 现金管理

便利店需要建立严格的现金管理制度。所有现金支出必须先审批，所有现金收入必须开具收据并及时入账，严禁员工挪用现金或以个人名义借予他人，营业款当天应及时送存银行，节假日和公休期间店内不得存放大量现金。

6.2 账务管理

账务管理主要包括应收账款、其他应付款、商品进销存盘点的管理。便利店需要建立完善的账务系统，确保每一笔交易都有明确的记录，并定期对各项账款进行核对和调整。

6.3　资产管理

资产管理是财务管理的重要组成部分，包括物流车辆、收银机等设备购入、使用、报废的管理。便利店需要确保店铺资产得到妥善保管，并定期对资产进行盘点和核对，以防止资产流失。

6.4　费用管理

费用主要指便利店日常运营中的各种开支，如租金、水电费、员工工资等。便利店需要制定合理的费用预算并严格执行，以确保费用支出的合理性和可控性。

6.5　内部控制与监督

便利店需要建立有效的内部控制机制，包括财务审批、内部审计、风险管理等方面内容。同时，便利店还应加强财务监督，确保各项财务活动的合规性和真实性。

随着科技的发展，便利店财务管理也逐渐向数字化、智能化方向发展。例如，采用电子支付、移动支付等新型支付方式，提高支付效率和安全性；利用大数据分析技术，对销售数据、顾客行为等进行深入挖掘和分析，为决策提供有力支持。

案例分享

××便利店是一家位于市中心的24小时营业的便利店，以有效的店铺管理赢得了广大顾客的喜爱。

在店铺卫生方面，××便利店始终保持较高的标准，店内地面干净无尘，货架整洁有序，商品陈列区域清晰明了。员工每日定时

开展清洁工作，确保店铺整洁干净。此外，对于食品类商品，该店严格遵守食品安全规定，确保食品的保存和陈列符合卫生标准。

在商品陈列与摆放方面，××便利店注重商品的分类和布局，根据商品的特性和顾客需求，将商品分为食品、饮料、日用品等区域，并在每个区域设置明显的标识。同时，员工会根据商品销量和季节变化，及时调整商品的陈列位置和数量，确保顾客能够轻松找到所需商品。

在员工服务方面，××便利店重视员工的培训和管理。新员工入职前，会接受系统的培训，包括商品知识、服务技巧、卫生标准等内容。在日常工作中，员工遵守服务规范，热情、礼貌地接待每一位顾客，并为顾客提供专业的购物建议。该店还建立了员工考核和奖励机制，激励员工不断提高服务质量。

此外，××便利店还注重店铺的安全管理，在店内安装了监控设备，确保店铺监控无死角。员工在工作中也会时刻关注店内的安全状况，如电线是否老化、消防设备是否完好等。同时，该店还制定了应急预案，以便员工遇到突发情况时能够迅速应对。

在财务管理方面，××便利店建立了完善的财务制度，包括收银、记账、核算等流程，确保财务数据的准确性和完整性。定期的财务分析和预算管理，也为店铺的决策提供了有力支持。

在营销和促销方面，××便利店也做得相当出色。该店会根据不同的节日、季节，制定不同的促销方案，吸引顾客的眼球。同时，该店还通过社交媒体等渠道，宣传店内的优惠活动和新品信息，提高店铺的知名度和吸引力。

案例点评：

通过以上措施，该便利店的日常管理取得了显著成效，店铺的销售业绩和顾客满意度均得到了提升。同时，该便利店及时总结经验，优化管理流程，以适应不断变化的市场环境。

　　需注意的是，每个便利店的日常管理会因规模、地理位置、目标顾客群等因素而有所不同。因此，在实际操作中，便利店管理者应根据具体情况灵活调整和优化管理策略。

第 9 章

顾客服务与体验升级

随着生活水平的提高，人们对消费过程中的无形商品——服务，提出了更高的要求。因此，便利店只有加强服务，才能满足顾客的需求，才能赢得顾客的信赖，才能得到市场的认可，从而在激烈的市场竞争中立于不败之地。

【要点解读】▶▶▶ -

1 服务标准制定：贴心服务，赢得口碑

便利店应向顾客提供优质的服务，展现方便、快捷、友善、清洁的店铺形象。因此，店主应根据本店实际情况，编制员工服务标准。

1.1 方便

例如，24小时营业；商品种类齐全，顾客随意选购；商品摆设整齐划一（设有商品陈列图）；提供微波炉让顾客使用。

1.2 快捷

店员熟悉店铺环境和商品摆设，能为顾客提供有效的服务；店员熟悉各种机器的操作，顾客不用排队等候；商品摆放整齐，顾客易于寻找；货场无杂物，购物通道畅通。

1.3 友善

例如，顾客进店时，主动问候；热情地帮助顾客；详细向顾客介绍各类商品；帮助顾客将所购商品装入袋子。

1.4 清洁

店铺内外时刻都要保持整洁，不滋生害虫和细菌；使用适合的清洁剂及工具；对各种机器定期进行清洗和消毒；保证食品干净、新鲜；店员仪容得体。

2 服务意识培养：真诚服务，赢得信赖

在激烈的市场竞争中，便利店除了要严把产品质量关之外，还要有一套完善的服务体系。培养员工的服务意识对便利店来说是一个非常重要的课题。提供差异化的产品和服务，是便利店在市场中立足并长期发展的根本。提高员工服务质量的方法，具体如图9-1所示。

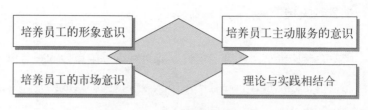

图9-1 提高员工服务质量的方法

2.1 培养员工的形象意识

员工的言行举止代表了便利店的形象，员工必须严格遵守便利店的规章制度，提供规范化的服务。同时，员工在遇到突发事件时要冷静、忍耐、克制情绪、端正态度，及时采取有效措施。

此外，员工要养成服务的意识，便利店可定期或不定期地考核员工的服务态度、服务水平，并以此作为员工晋升的依据。

2.2 培养员工的市场意识

便利店的效益与每一位员工的切身利益息息相关，没有优质的服务，也就没有良好的顾客关系，店铺的销售和利润也会大大降低，最终影响的是员工的就业机会和薪资待遇。店主要让员工明白，必须脚踏实地地把市场意识贯穿于日常工作中，才能得到更好的发展。

2.3 培养员工主动服务的意识

员工不仅要具备"我要服务"的意识，还要学会换位思考，在工作中，以愉快的心情主动服务于顾客。

2.4　理论与实践相结合

一方面，对员工进行产品知识、服务知识和规章制度等内容的培训及考核。另一方面，根据岗位要求、操作流程和服务标准，选择多样化的方式，比如技能比武、情景模拟等，提高员工的业务水平，减少员工的倦怠心理。

3　自主消费引导：便捷购物，提升体验

顾客在购物或消费时，不仅会从价格、质量、服务水平、购物环境等方面来评价商家，同时也会根据自己在购物或消费过程中是否得到充分的理解和尊重，行使应有的权利。

那么便利店应该如何激发顾客消费的自主性、提高顾客的满意度呢？具体措施如图9-2所示。

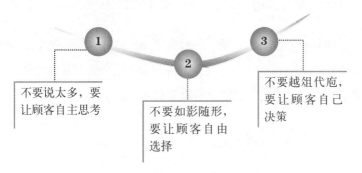

图9-2　激发顾客自主消费的措施

3.1 不要说太多，要让顾客自主思考

很多店员习惯在顾客浏览商品的过程中不停地向其推销，丝毫不给顾客自主思考的空间。这对于那些购买目标已经明确的顾客来说，是难以忍受的，他们会产生厌烦的心理，甚至会迅速"逃离"。所以，店员应对自己的"热心服务"有所收敛，做到图9-3所示的几点。

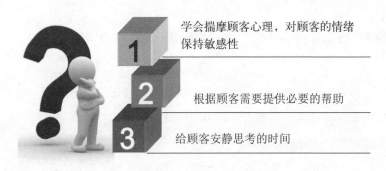

1 学会揣摩顾客心理，对顾客的情绪保持敏感性

2 根据顾客需要提供必要的帮助

3 给顾客安静思考的时间

图9-3 让顾客自主思考

3.2 不要如影随形，要让顾客自由选择

这也是一种常见的现象：在顾客浏览、选择商品的整个过程中，店员常伴左右、如影随形。这会让很多顾客反感和不满。因为，顾客更希望自由、独立地欣赏、选择商品。

3.3 不要越俎代庖，要让顾客自己决策

店员必须始终明记，顾客才是整个购物的主角。店员虽然担负着引导顾客消费的任务，但顾客依然希望由自己作出购买决定。店员应注意图9-4所示的几点。

事项一	当顾客犹豫不决时，在不引发其反感的前提下，店员可以适当加以引导
事项二	不能过度夸大产品性能，或者干扰顾客的决策
事项三	应该站在顾客的角度，设身处地地帮助其作出决策

图9-4 让顾客自主决策的注意事项

4 顾客投诉处理：迅速响应，化解矛盾

顾客的抱怨通常可以归为两类，一是针对商品本身，二是不满服务品质。不管是哪一种，店员推脱掩饰、转嫁责任都是最低劣的做法。作为店员，要在第一时间处理顾客投诉，以免造成不好的影响，从而有损店铺形象。

4.1 确定顾客抱怨的原因

（1）当顾客抱怨时，其情绪一般比较激动，店员要耐心倾听顾客的不满，不要做任何解释。待顾客心情平静后，再询问一些具体问题。

（2）对顾客抱怨的问题不是很清楚时，要请顾客进一步说明，但言辞要委婉。

比如：

"我还有一点不十分明白，能否麻烦您再解释一下？"

"为了弄清楚您反映的问题，我有两点想请教一下。"

尽量不要让顾客产生被质问的感觉，要仔细地听顾客说话，这

样才能找到顾客抱怨的根源。

（3）听了顾客的抱怨之后，店员要站在顾客的角度来解决问题。
让顾客感受到店员非常重视自己，自己的抱怨对店铺来说很重要，
店员将全力以赴解决问题。

4.2 了解顾客心理

店员应了解顾客不满的真正原因，然后有针对性地采取解决措
施。店员除了要掌握倾听的技巧外，还要从顾客的谈话中把握顾客
的心理。

顾客的反应，就是当店员与顾客交谈时，顾客的表情变化或者
态度、说话方式的变化，具体如图9-5所示。

反应一	如果顾客的眼神凌厉、眉头紧锁、额头出汗、嘴唇颤抖、脸部肌肉僵硬，则说明顾客的情绪很激动
反应二	如果顾客不由自主地提高音量、加快说话速度，甚至不断重复自己的话，则说明顾客处在极度兴奋中
反应三	如果顾客的身体不自觉地晃动，两手紧紧抓住衣角或其他物品，则表明顾客心里不安或精神紧张

图9-5 顾客的常见反应

4.3　明白顾客的真正意图

店员只有了解顾客的真实意图，才能对症下药，更好地解决问题。不过，顾客在反映问题时，常常不愿或不能明确地表达自己心中的真实想法。

因此，店员在处理顾客投诉时，要善于抓住顾客的"弦外之音""言外之意"，明白顾客的真实意图，具体如图9-6所示。

顾客不断重复的话	顾客讲话的细节
顾客出于某种原因会试图掩饰自己的真实想法，但常常在谈话中不自觉地表露出来，表现为不断重复某些话语	留意顾客讲话时的一些细节，有助于把握顾客的真实想法

图9-6　掌握顾客真实意图的方法

4.4　妥善使用道歉话语

店员在处理顾客的抱怨时，要耐心聆听顾客的委屈，了解顾客的真正原因，然后诚恳地使用道歉性话语，平息顾客的不满情绪。

生意经

店员在表达歉意时态度要真诚，而且这种诚恳是建立在耐心倾听的基础上。如果店员的道歉内容与顾客反映的问题不一致，那么不但不能平息顾客的愤怒情绪，反而会使顾客变得更加不满。

4.5　记录顾客抱怨的信息

店员应弄清事情的来龙去脉，并详细记录顾客抱怨的信息，以便查明原因或总结经验教训。店员通常借助这些信息来确定解决办法。如果这些信息不够详细，可能会给店员的判断带来误导。店员在记录顾客抱怨的信息时，不可忽略图9-7所示的要点。

(1) 发生了什么事情
(2) 事情是何时发生的
(3) 相关商品的价格是多少
(4) 当时的店员是谁
(5) 顾客不满的真正原因是什么
(6) 顾客希望以何种方式解决
(7) 顾客是否通情达理
(8) 顾客是否为店铺的老主顾

图9-7　记录顾客抱怨信息的要点

店员在记录完顾客抱怨信息后，一定要留下顾客的联系方式。

4.6　及时解决顾客抱怨的问题

如果顾客的抱怨不能及时解决，对店铺的形象会造成一定的影响。相反，如果店员能够及时、妥善地解决顾客反映的问题，不仅能提高店铺在顾客中的声誉，还能发现经营中的一些漏洞，使店铺的经营管理更加规范。

（1）如果顾客的抱怨是因为误会，店员要进行适当的说明，消除顾客的误会。

（2）如果是商品质量有问题，店员要与顾客协商，及时办理退货、换货等手续。

（3）如果是服务质量有问题，店主要对相关责任人进行处理，及时向顾客赔礼道歉，并完善员工管理制度。

🔗 相关链接 ··

便利店顾客投诉处理宝典

1.听到顾客抱怨时

听到顾客抱怨时（如太贵、买不到货、服务品质差等），工作人员应将顾客引到一旁，耐心聆听，并详细记录顾客意见。如果问题比较严重，应请店长解决。

2.商品缺货时

（1）试着推荐代替品。如果顾客接受，工作人员应明确说明缺货品与代替品之间的差异，以免日后产生纠纷；如果顾客不接受，应明确告诉其商品的到货时间。

（2）没有顾客想要的商品时，要清清楚楚地告诉顾客，而不该欺骗顾客。

3.顾客要求退货或换货时

工作人员应查明原因，若所销售的商品有质量问题，应该同意顾客退货或换货。如果是顾客自身的原因要求退换货，只要商品没有使用过且可以再出售，也应尽量满足顾客的要求。

如果商品已使用过或是概不退换的特价商品，顾客坚持退款，又拿不出购物小票，工作人员可婉转地拒绝。

4.处理顾客投诉的用语

"对不起，给您添麻烦了！"

"对不起，按照有关规定，已出售的食品、药品、化妆品、贴身内衣裤如果不属质量问题是不能退换的。"

"非常理解您的心情，我立刻通知店长来接待您。"

5.顾客满意才是目的

顾客购买商品并感到满意才算销售完成，因此，员工必须努力为顾客提供一步到位的服务。因为任何的退换货，既浪费顾客的时间，也有损店铺的信誉。

案例分享

××便利店作为一家知名的连锁便利店，一直致力于提升顾客服务水平，为顾客提供愉快的购物体验。以下是××便利店在提升顾客服务方面采取的措施。

1.热情周到的顾客接待

当顾客走进便利店时，员工会以真诚的笑容和亲切的问候迎接他们。员工会主动询问顾客的需求，并为他们提供购物建议或指导。员工会耐心解答顾客的问题，确保顾客能够顺利找到所需商品。

2.个性化的服务

××便利店注重为顾客提供个性化的服务。员工会根据顾客的购物偏好，推荐适合的商品。同时，××便利店还实行会员制度，通过积分、优惠券等方式，鼓励顾客多次光顾，增加顾客的忠诚度和黏性。

3.快速高效的结账方式

为了提升顾客的购物体验，××便利店采用了快速高效的结账方式。店内配备了先进的收银系统，减少了顾客的等待时间。同时，员工经过了专业培训，能够熟练、快速地完成结账操作，确保顾客能够快速完成购物。

4.舒适的购物环境

××便利店注重营造舒适的购物环境。员工定期清洁店铺，保持店内整洁、明亮。同时，店铺内的陈列摆放也经过精心设计，方便顾客查找。此外，××便利店还提供了休息区和免费上网等服务，让顾客在购物之余也能得到休息。

5.投诉处理与反馈机制

××便利店非常重视顾客的投诉和意见。店铺建立了投诉处理机制，确保顾客的投诉能够得到及时、有效的处理。同时，便利店还会定期收集顾客的意见，以便对店铺服务进行持续改进和优化。

案例点评：

通过以上措施，××便利店成功提升了顾客接待与服务水平，赢得了广大顾客的信任和喜爱。

这个案例告诉我们，便利店需要注重细节、关注顾客需求、提供个性化服务、营造舒适的环境以及及时处理顾客投诉，从而为顾客带来愉快的购物体验，提升顾客满意度和忠诚度。

第10章　市场营销与推广策略

关键词：
提升形象
吸引顾客
增加销售

现在已不是"酒香不怕巷子深"的时代了，对于实体店铺来说，需要借助各种营销手段来进行推广，从而扩大店铺的知名度和影响力，让更多的人走进店里消费。

【要点解读】 ▶▶▶▶ -

1　会员营销策略：积分回馈，留住回头客

便利店会员营销是一种通过建立会员制度，为会员提供优惠、积分、特权等福利，以吸引和留住顾客，增加顾客忠诚度和消费频次的营销策略。便利店通过将普通顾客变为会员，分析顾客的消费信息，挖掘顾客的后续购买力，并通过顾客转介绍（口碑传播）等方式，实现顾客价值最大化。表10-1所示是会员营销的具体策略。

表 10-1　会员营销策略

序号	营销策略	具体说明
1	制定会员制度	（1）设计合理的会员级别和升级规则，如普通会员、银卡会员、金卡会员等，可根据会员的消费金额、频次或积分进行升级 （2）简化会员注册流程，提供线上和线下多种注册方式，如扫码注册、填写表格注册等
2	积分奖励系统	（1）为会员提供消费积分，积分可累积并在后续购物中抵扣现金或兑换商品 （2）设定积分获取规则，如每消费一定金额获得一定积分，或购买特定商品额外获得积分等
3	会员专享优惠	（1）定期为会员提供专属优惠券、折扣或特价商品，增加会员购物的次数 （2）在会员生日或特定节日提供额外优惠，增加会员的归属感
4	会员特权服务	（1）提供会员专享服务，如免费上网、免费充电、免费热水等，提升会员的购物体验 （2）为高级会员提供增值服务，如免费送货上门、优先购买权等
5	会员沟通与互动	（1）通过短信、邮件等方式，定期向会员发送促销信息、新品上架通知等 （2）建立会员社群或线上论坛，鼓励会员分享购物心得、提出改进建议等，增加会员之间的互动
6	会员数据分析与个性化推荐	（1）收集并分析会员的购物数据，了解会员的购物习惯和偏好 （2）根据会员数据，为会员提供个性化商品推荐和购物建议，提高会员的购物满意度和转化率
7	会员忠诚度奖励计划	（1）制订会员忠诚度奖励计划，如长期会员额外折扣、积分加倍等，鼓励会员长期购物 （2）定期对高忠诚度会员进行回访和关怀，了解他们的需求和意见，进一步提升他们的满意度和忠诚度

2 数据营销智慧：精准推送，提高转化率

数据营销在便利店中扮演着至关重要的角色，它可以帮助便利店精准地了解顾客需求，优化商品结构，提升销售额。表10-2所示是便利店数据营销的策略。

表10-2　数据营销策略

序号	营销策略	具体说明
1	收集与分析顾客数据	（1）POS系统数据收集：通过POS系统收集顾客的购买数据，包括购买商品的种类、数量、时间等。这些数据可以揭示顾客的购物习惯、消费偏好以及购物高峰期 （2）会员卡数据收集：通过会员卡系统收集顾客的注册信息、购买记录、积分使用等数据。这些数据有助于便利店对顾客进行更深入的画像分析，从而提供个性化的服务 （3）社交媒体数据收集：在社交媒体平台上收集顾客的互动数据，如点赞、评论、分享等。这些数据可以反映顾客对便利店品牌和商品的态度
2	利用数据优化商品结构	（1）热销商品分析：通过分析销售数据，找出热销商品和滞销商品，进而调整商品陈列和库存。对于热销商品，可以增加库存和陈列面积；对于滞销商品，可以考虑调整价格或促销策略 （2）顾客需求预测：基于历史销售数据和顾客画像，预测未来一段时间的顾客需求趋势。这样有助于便利店提前调整商品结构，满足顾客的潜在需求
3	精准营销与个性化推荐	（1）定向促销：根据顾客的购买历史和偏好，向其推送促销信息，如优惠、折扣活动等 （2）个性化推荐：利用数据分析技术，为顾客推荐其可能感兴趣的商品或服务
4	评估与改进营销策略	（1）营销活动效果评估：通过对比营销活动前后的销售数据、顾客反馈等信息，评估营销策略的有效性 （2）持续学习与优化：便利店应持续关注市场变化、顾客需求变化以及新兴技术的发展，不断优化数据营销策略，提升营销效果

会员卡数据分析的技巧

会员卡数据分析是便利店常用的分析方法之一，旨在更好地了解顾客的消费行为、优化会员服务，以及提高销售额和顾客忠诚度。以下是会员卡数据分析的一般步骤。

1.数据收集与准备

（1）确定数据收集方式，如销售系统、会员登记表等，确保数据的准确性和完整性。

（2）对收集的数据进行整理，剔除无效或重复的数据，确保数据的一致性。

（3）选择适合的数据存储方式，如数据库或电子表格，并定期备份，以防数据丢失。

2.明确分析目标

在数据分析之前，要明确分析的目标，例如，了解会员的消费习惯、购买偏好、活跃度等。

3.选择合适的分析方法

（1）根据分析目标，选择合适的数据分析方法，如关联分析、聚类分析等，挖掘隐藏在数据背后的规律和趋势。

（2）利用数据分析工具，实现数据分析的可视化。

4.数据分析的内容

（1）会员活跃度分析：通过会员的购物频率、购买金额等数据，分析会员的活跃度，识别高价值会员和潜在流失会员。

（2）消费习惯分析：分析会员的购买记录，如购买频率、购买金额、购买渠道等，了解会员的购买偏好和习惯，为制定销售策略提供依据。

（3）会员价值评估：使用RFM模型（最近消费、消费频次、消费金额）或其他相关模型，对会员价值进行分析，识别出高价值客户、重点发展客户等，以便提供有针对性的服务。

（4）会员流失预警：通过会员卡数据分析，预测潜在的会员流失情况，并及时采取措施进行弥补。

5.结果解读与应用

（1）根据数据分析结果，解读会员的消费行为、需求及偏好，为店铺选品、定价、促销等策略提供数据支持。

（2）制订有针对性的会员营销计划，如定向促销、个性化推荐等，提升会员的满意度和忠诚度。

6.定期评估与调整

定期评估会员卡数据分析的效果，及时调整分析方法和策略，确保数据分析的准确性和有效性。

需注意的是，会员卡数据分析是一个持续的过程，便利店需要不断地收集数据、更新分析模型，并根据分析结果调整营销策略。同时，在数据分析过程中要遵守相关法律法规，保护会员的隐私和安全。

3 社交媒体营销秘籍：互动传播，扩大影响

通过社交媒体营销，便利店可以扩大品牌影响力，增加与目标顾客的互动，提高销售增长率。表10-3所示是便利店社交媒体营销的策略。

表10-3　社交媒体营销策略

序号	营销策略	具体说明
1	选择合适的社交媒体平台	便利店需要根据目标顾客群体的特征和喜好，选择合适的社交媒体平台进行营销。例如，年轻人活跃在抖音、微博等平台，而家庭主妇则常使用微信。合适的平台可以帮助便利店有效地触达目标受众
2	发布相关、实用的内容	在社交媒体上发布与便利店相关的内容，如新品介绍、烹饪教程、购物攻略等，能够吸引用户的关注。同时，结合热点话题或节日元素，推出营销活动，也能增加用户的参与度和互动性
3	开展互动活动	通过举办线上互动活动，如抽奖、优惠券派发、晒单分享等，鼓励用户参与并分享自己的购物心得，从而扩大便利店的品牌曝光度。此外，还可以邀请用户参与产品评测或提出改进建议，增加用户的参与感归属感
4	运用短视频和直播功能	短视频和直播是社交媒体上非常受欢迎的内容形式。便利店可以制作短视频展示商品特点、店内环境等，或者通过直播介绍新品、分享优惠活动等，吸引用户的关注，激发用户的购买欲望
5	与网红或意见领袖合作	寻找与便利店品牌匹配的网红或意见领袖并与之合作，邀请他们进行产品体验，借助他们的影响力扩大品牌知名度
6	数据分析与优化	定期分析社交媒体营销数据，包括用户参与度、转化率等指标，以便评估营销活动的效果。同时，根据数据分析结果，及时调整营销策略，优化营销内容和推广渠道，提高营销效果
7	顾客服务与互动	在社交媒体平台上积极回应顾客的评论和提问，提高用户的满意度和忠诚度。同时，关注用户的意见和建议，及时改进产品和服务，提升用户体验

综合运用以上策略，便利店可以在社交媒体上建立起强大的品牌优势，吸引更多的潜在顾客，提高店铺销售额。同时，便利店也要与线下门店协同作战，确保线上线下的品牌形象和服务质量一致，为顾客提供更优质的购物体验。

4 传统广告营销：多元投放，提升知名度

尽管数字营销在现代企业中占据主导地位，但传统广告仍然是一种有效的推广方式，尤其适合特定地域和年龄段的受众群体。表10-4所示是便利店传统的广告营销方式。

表10-4 传统的广告营销方式

序号	营销方式	具体说明
1	报纸广告	在当地流行的报纸上发布广告，特别是周末版或特别版，可以吸引家庭主妇和学生等目标群体
2	杂志广告	（1）在生活、美食、旅游等相关的杂志上投放广告 （2）考虑与杂志合作，举办促销活动或提供优惠券
3	广播广告	（1）在高峰时段（如上下班时间）投放广播广告，可吸引车载听众 （2）制作有创意和吸引人的广告脚本，以加深听众的记忆
4	电视广告	（1）在地方电视台或有线电视上投放广告，尤其在新闻、天气预报和热门节目时段 （2）制作高质量的广告视频，展示便利店的特色商品和服务

序号	营销方式	具体说明
5	户外广告	（1）利用店铺附近的广告牌、公交站台或出租车顶等进行品牌展示 （2）在重要交通路口设置大型广告牌，增加品牌曝光量
6	印刷品广告	（1）制作传单、小册子或优惠券，通过直接邮寄、街头派发或店内自取等方式传播 （2）在社区、学校、办公区等地方派发宣传单
7	黄页广告	在当地电话黄页或行业目录中投放广告，方便顾客查询店铺信息
8	活动赞助广告	赞助当地的文化活动、体育赛事或社区活动，提升品牌形象和社会责任感

采用传统广告营销时，便利店需要注意图10-1所示的几点。

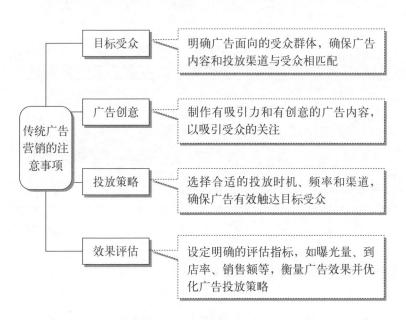

图10-1　传统广告营销的注意事项

5 店铺促销活动：吸引顾客，刺激消费

便利店促销是提高销售额、增强品牌影响力、吸引新顾客并留住老顾客的重要手段。表10-5所示是便利店的促销策略。

表10-5　便利店促销策略

序号	促销策略	具体说明
1	打折促销	这是最直接也最常见的促销策略，可以采用满减、买一送一、商品打折等方式。需要注意的是，打折的商品应当是顾客需要且利润空间相对较大的商品，这样才能在保证利润的同时吸引顾客
2	主题活动促销	定期举办主题活动，通过主题包装、特色商品、活动氛围来吸引顾客。比如，在端午节期间，可以举办包粽子比赛或者销售特色粽子，增加节日气氛
3	满额抽奖	顾客消费达到一定金额后即可参与抽奖，奖品可以是店内商品、优惠券或者小礼品等，从而激发顾客的购买欲望
4	新品推广	对于新上架的商品，可以通过免费试吃、试用等方式进行推广，促使顾客购买

生意经

无论采用何种促销方式，商品的质量都是最重要的。只有质量好的商品才能赢得顾客的信任和口碑。

6 社群营销攻略：建立社群，深入互动

社群营销是在线上社区营销及社会化媒体营销基础上发展起来

的使用户连接及交流更为紧密的网络营销方式。简而言之，社群营销就是通过建立很多社群，将目标顾客汇集到一起，向顾客持续提供所需的商品或服务，进而变现的一种营销模式。

便利店可按图10-2所示的步骤来运营社群。

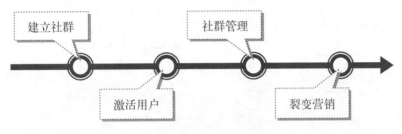

图 10-2　社群的运营步骤

6.1　建立社群

便利店具备非常好的建群的条件，本身已经有品牌背书，还有稳定的客群。

（1）按顾客维度建群。便利店建群，不能采用粗放的模式，即把所有人（不考虑属性、消费能力、诉求差异）都拉到一个群里，这样的群运营起来会非常困难。

便利店应该建立社群运营的矩阵，根据不同的顾客维度建群。

① 属性。可以是男人、女人、年轻人、老年人，也可以是行业属性。不同属性的人缺乏共同语言，没法在一个群里聊天。

比如，老年人的群要以健康、养生为主题；年轻人的群要以时尚、潮流为主题；宝妈的群要以育儿为主题。

② 消费能力。消费能力的差异直接决定了社群的运营模式。

比如，群里不断推送一些高品质商品，消费能力低的人就会觉得商品价格太高，从而保持沉默或退群。

总之，对不同属性的顾客，要建不同的群，确定不同的主题。

（2）社群定位。既然是社群，就要有一个群体定位，一个调性。社群营销的关键就是找到一群同频的人。所谓同频，就是爱好、需求或属性相同的群体。只有明确了社群定位，才能吸引同频的目标顾客入群、互动、长期停留和变现转化。

社群定位的直接表现就是社群命名。

比如，一家独立门店，可以采用人格化的社群名称，如"董小姐的便利店"，这样有利于拉近群内人员的距离；一家连锁门店，常规的命名方式是"品牌名称＋门店名称＋品类名称＋群编号"，如"佳乐家TOP会员店生鲜1群"；也可以综合以上两种方式命名，如"××社区便利店兄弟姐妹福利1群"。

总之，社群定位要通过命名和日常维护，体现便利店品牌形象和品类特征。

（3）群员数量。社群的人员数量，要根据实际情况确定，一般以200人左右为宜。

（4）建群的方法。建群的方法有很多，主要如图10-3所示。

方法一	通过扫描店铺二维码入群
方法二	通过店内员工推荐入群
方法三	通过顾客推荐入群

图10-3　建群的方法

 生意经

便利店要特别重视种子用户群的建立，这样的群成员会产生非常重要的传播价值，并且还会为店铺带来可观的利润。

6.2 激活用户

群建成后，最重要的工作就是激活群成员，即目标顾客。便利店应努力提高群成员的信任度和依赖性，并且最终把这种信任与依赖转化为便利店的经营业绩。

激活群成员的目标就是，增加目标顾客的到店频次、活跃度。

那么，该如何激活群内的用户呢？可参考图10-4所示的七大法则。

图10-4 激活用户的七大法则

（1）情感激活。社群是一个情感空间，在很大程度上能实现便利店与目标顾客之间的情感链接。

便利店要用情感去维系目标顾客，拉近便利店与目标顾客之间的社交距离。

（2）商品激活。便利店建立社群，最终是要与自身的商品经营相结合。群里推送的商品，一定要与群的特征相符。

群里推送的商品应具备图10-5所示的特征。

图10-5 群里推送商品的特征

便利店还要把商品内容和传播方式相结合：一是用内容赋予商品更多的价值，二是用不同的传播手段（小视频）提升商品的关注度，使用户激活达到最佳效果。

（3）内容激活。要想激活群成员，内容传播非常重要。便利店要结合群特征，选择合适的传播内容。优质的内容可以起到润滑油、放大器的作用。

目前，展现商品内容的方式有很多，可以是图文，也可以是小视频。特别是小视频，传播效果非常好。

（4）KOL激活。KOL营销是指有KOL参与的社会化媒体营销传播行为，兼具群体传播和大众传播的优势，其营销价值也受到市场的认可。

便利店在社群营销时要高度重视KOL的价值，应培养自己的KOL——美食达人、吃货、育儿专家、养生专家、运动专家等，使他们在社群中逐步发挥重要作用。

同时也要利用好店铺周边的KOL——广场舞召集人、健身教练、跆拳道教练、高级月嫂、知名厨师等，使他们与社群运营紧密结合，充分发挥他们的价值。

（5）活动激活。便利店要不断组织各种活动，包括社群中的活动和各种线下活动，把社群运营与店铺活动紧密结合，充分发挥"店＋社群"的优势，如品牌体验、采摘活动、亲子活动等，达到激活成员、拉近距离的目的。

（6）红包激活。红包是微信平台设置的一个功能，便利店要科学有效地利用发红包这一手段，激活群成员，拉近店铺与群成员之间的关系。

（7）小程序激活。小程序是微信中建立链接、激活群成员、创造营销价值的主要技术工具。

便利店可通过小程序实现与目标顾客的在线链接，然后导入一些营销手段，增加目标顾客的到店次数、购买频次。

6.3　社群管理

社群是一个非常松散的组织，做好社群管理必须要有一套完整的规则，同时要设有专人管理。

（1）选择群主。并不是所有人都能管理好社群。具体来说，群主应具备图10-6所示的能力。

图10-6　群主应具备的能力

另外，便利店应对群主进行登记备案；也要建立群主群，以方便活动方案、政策、指令等信息的发布；要制定群主奖励机制和带货分成政策。

（2）建立群规则。没有规则的群就像一盘散沙。便利店应确定群主题，群成员要围绕主题展开交流，不能离主题太远，也不能违法违规。

生意经

现在的群越来越多，便利店要特别注意：尽力为成员创造价值，减少垃圾信息的发布。

（3）定期调整。便利店的群要定期调整，具体方法如图10-7所示。

图10-7　定期调整群的方法

6.4　裂变营销

社群要持续发展，便利店可以考虑实施社群裂变。社群裂变的方法如下。

（1）矩阵式营销。通过微信公众号矩阵、抖音小视频矩阵等将所有连锁门店的资源串联起来，需注意的是，店铺的形象要一致，并持续向顾客传递相同的信息。

（2）从线下为线上引流。便利店建立了社群后，应将更多的用户拉进群。可以通过朋友圈转发、朋友推荐、进店扫码、点对点发福利、抽奖、海报等方式引流。

比如，某便利店在三八节前夕策划了"3·8会员积分狂欢节"活动，会员可用100积分换取心动的礼品或优惠券（餐饮代金券、洗车卡、加油卡、电影票等）。

便利店还可以与其他商户进行合作，如购物中心、餐饮店、加油站、电影院等，相互引流。

（3）"关键人物"推动。个别人物在店铺营销中具有关键性的推动作用，这个个别人物就是"关键人物"。

比如，"老乡鸡"的董事长作为"关键人物"亲自出镜，使"老乡鸡"品牌快速裂变吸粉。

（4）慎用裂变工具。尽管社群裂变有各种各样的小工具，但对便利店而言，要慎重使用这些套路工具。因为实体店和员工是消费者最大的保障，在线下引流，体现了便利店的诚意，一定不能让小工具影响了顾客的购物体验。

7 O2O闭环打造：线上线下，无缝对接

便利店O2O闭环指的是便利店利用O2O模式，将线上与线下的业务紧密相连，形成一个完整的闭环系统。这个闭环系统涵盖了线上商品展示、交易、支付，线下商品配送、消费者体验、售后服务等各个环节。

7.1 实现O2O闭环的步骤

具体来说，便利店实现O2O闭环通常涉及图10-8所示的几个步骤。

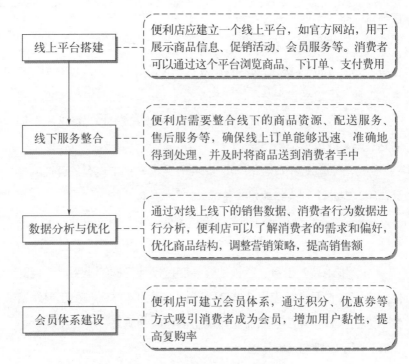

图10-8　实现O2O闭环的步骤

在便利店O2O闭环中，各个环节的业务需要紧密配合，形成一个高效的运营体系。通过优化流程、提高服务质量、增强用户体验，便利店可以更好地满足消费者的需求，提升品牌影响力和竞争力。

生意经

便利店O2O闭环的实现方式可能因门店规模、市场环境等因素而有所不同。因此，便利店需要根据自身的实际情况灵活调整策略，确保O2O闭环系统有效运行。

7.2 O2O闭环的应用场景

便利店O2O闭环的应用场景多种多样，主要包括线上线下的融合与互动。表10-6所示是几个常见的O2O闭环应用场景。

表10-6 常见的O2O闭环应用场景

序号	应用场景	具体说明
1	线上预订，线下自提	消费者可通过便利店的线上平台预订商品，并在附近的便利店自提。在约定的时间内，消费者到店直接提取商品，节省了等待和排队的时间
2	线上支付，到店消费	消费者可以在线上选择商品并支付，然后到店直接取货或享受服务。例如，在线上订购便利店的快餐，支付后到店内享用，避免了现金交易和排队等待的过程
3	门店扫码购	便利店提供二维码或专属APP，使消费者在店内扫码即可完成支付和结算。这样，即使在店内，消费者也能线上支付，无须排队
4	基于LBS的配送服务	基于位置服务（LBS），便利店可以实现线上下单、线下配送的功能。特别是对于那些位置较远或不方便自提的消费者，便利店可以通过第三方或自有配送系统将商品送至指定地点
5	会员权益互通	便利店的线上线下会员体系互通，会员在任何一个渠道消费都能获得相应的优惠或特权。例如，线上消费获得的积分可以在线下门店兑换商品或服务
6	营销活动互动	便利店可以通过线上线下结合的方式举办各类营销活动，如线上抽奖，线下领奖；线上购买，赠送线下折扣券等。这些活动能增加消费者的参与度和互动性，提高品牌知名度

××便利店是一家知名的连锁便利店,为了在激烈的市场竞争中脱颖而出,经营者积极优化市场营销与推广策略,并取得了显著成效。

1.数字化营销

××便利店充分利用数字化技术,开展线上线下营销活动。店铺通过社交媒体平台发布促销信息、新品推荐等内容,吸引顾客的关注。同时,还开发了手机APP,提供在线购物、会员积分查询、优惠券领取等功能,方便顾客随时随地进行购物和享受优惠。

2.跨界合作

为了扩大品牌影响力,××便利店积极寻求跨界合作机会。例如,与知名餐饮店合作,共同推出特色美食;与电影院合作,开展观影优惠活动;与快递公司合作,提供代收快递服务等。这些合作不仅为顾客提供了方便和优惠,也为××便利店带来了更多客流和销售机会。

3.会员制度完善

××便利店注重会员制度的完善和创新,通过建立会员积分制度、推出会员专享优惠等方式,增加会员的归属感和忠诚度。同时,还定期开展会员活动,让会员感受到更多的关怀和温暖。

4.本地化营销策略

××便利店制定了本地化的营销策略,结合当地的特色商品和地区文化,推出符合当地消费者需求的促销方案。

5.数据分析与精准营销

××便利店通过收集和分析顾客数据,了解顾客的购物习惯和喜好，从而制定精准的营销策略。同时，根据顾客的购买记录和偏好，推送个性化的商品信息和优惠文案，提高营销效果。

案例点评：

通过以上措施，××便利店成功提升了品牌知名度和市场占有率，赢得了广大顾客的喜爱和好评。

这个案例告诉我们，便利店在市场营销与推广方面应积极创新，注重数字化营销，寻求跨界合作，优化会员制度，实施本地化营销策略，并利用数据分析进行精准营销，从而提升品牌影响力和市场竞争力。

第11章

业务拓展与创新探索

关键词：
拓宽渠道
升级服务
全面获客

业务拓展在便利店管理中扮演着至关重要的角色，它可以帮助便利店获得更多的市场份额和利润。通过产品或服务拓展，便利店可以满足不同类型顾客的需求，从而增加销售额，在竞争激烈的市场中脱颖而出，并实现可持续发展。

【要点解读】▶▶▶ ------------------------------

1 服务种类增加：多元服务，满足需求

便利店除了基本的商品销售外，还可以考虑为消费者提供额外的服务，获得附加价值。这些服务旨在提升顾客的购物体验，增加便利店的吸引力和竞争力。表11-1所示是一些常见的便利店增值服务。

表 11-1　便利店增值服务

序号	服务种类	具体说明
1	送货上门服务	便利店为购物满一定金额的顾客提供送货上门的服务，顾客可通过电话、小程序或微信联系店铺送货上门。这样不仅可以提高便利店的营业额，还可以吸引更多消费者
2	便民服务	如提供话费充值、水电煤气缴费、公交卡充值等服务，让顾客在便利店就能完成各类缴费
3	快递收发服务	与快递公司合作，提供快递代收、代发服务，方便顾客收发包裹
4	金融服务	便利店可与银行合作，设置ATM机，顾客可以在店内进行取款、查询余额等操作
5	租赁服务	例如充电宝租借、雨伞租借等服务，可满足顾客的临时需求
6	生活信息提供	通过社群，发布房屋租赁、开锁配钥匙、电器维修等便民信息，为顾客提供一站式的生活服务
7	快餐服务	提供简易的熟食和快餐，如三明治、便当、寿司、炒饭、面条等，满足顾客多样化的需求
8	娱乐休闲服务	设置舒适的阅读区，或者提供电视、音乐播放等服务，让顾客在购物的同时也能享受休闲时光
9	家政服务	便利店可与当地家政公司合作，开展搬家、清洁、保姆、小时工等服务。消费者只需要通过微信小程序就能下单
10	鲜花速递	便利店可与当地的鲜花店合作，为消费者提供鲜花配送服务
11	其他服务	如文件打印复印、公用电话等服务

2 生鲜食品引入：新鲜美味，吸引顾客

生鲜食品是消费者日常生活中必不可少的食物，便利店引入生鲜食品，能够吸引更多消费者，并提高店铺的营业额。便利店在引入生鲜食品时，可参考表11-2所示的策略。

表11-2　引入生鲜食品的策略

序号	策略要点	具体说明
1	市场调研与定位	（1）在引入生鲜食品前，进行充分的市场调研，了解目标顾客的需求和偏好 （2）根据市场调研结果，明确便利店的定位
2	选品与供应链	（1）选择新鲜、品质有保障的生鲜食品 （2）与可靠的供应商合作，确保生鲜食品稳定供应 （3）引入具有当地特色的食材，满足消费者的多种需求
3	陈列与储存	（1）合理规划便利店的布局，将生鲜食品摆放在显眼的位置 （2）使用透明的冷藏柜或保鲜设备，确保生鲜食品的新鲜度和品质
4	价格策略	（1）根据市场调研和成本分析的结果，制定合理的价格策略，确保生鲜食品的价格具有竞争力 （2）采用打折或优惠等活动，吸引消费者购买生鲜食品
5	增值服务	（1）提供生鲜食品的加工服务，如切配、烹饪等，满足消费者的不同需求 （2）提供配送服务，让消费者足不出户就能购买到生鲜食品
6	品质监控与食品安全	（1）建立严格的品质监控体系，确保生鲜食品的质量和安全 （2）定期对供应商进行质量评估，确保食品供应的可靠性 （3）加强培训，提高员工对食品安全和品质控制的认识

序号	策略要点	具体说明
7	营销与推广	（1）利用社交媒体、线上平台等进行营销和推广，提高便利店的知名度 （2）开展线上线下活动，如打折促销、试吃体验等，吸引消费者购买

 生意经

通过合理的规划和推广，生鲜食品可以成为便利店的亮点，有助于提升便利店的竞争力和市场份额。

3 线上业务拓展：线上线下，双轮驱动

便利店开展线上业务是互联网时代发展的必然选择，线上业务可以帮助便利店拓宽销售渠道，提升品牌影响力，并满足消费者日益增长的网购需求。

3.1 线上平台建设

线上平台建设有以下两种方式。

（1）自建电商平台。便利店可搭建自有线上商城，实现商品展示、在线支付、订单管理等功能。这样可以确保品牌的独立性和安全性，但需要投入较多的资源。

（2）入驻第三方平台。便利店可入驻美团、饿了么等外卖平台或淘宝、京东等电商平台，利用平台的流量和用户基础，快速开展

线上业务。这种方式的成本较低，但可能面临一定的竞争压力和平台规则限制。

3.2 商品与服务优化

便利店线上商城的商品与服务优化是一个关键的过程，它包括商品选择、展示、定价等多个方面，具体如表11-3所示。

表11-3 线上商城商品与服务优化的措施

序号	优化措施	具体说明
1	精准选品	（1）根据线上商城的销售数据和用户反馈，分析消费者的购买偏好和需求，对受欢迎的商品进行重点推广 （2）考虑线上购物的便利性，可以增加一些方便食品、速食产品、日常用品的种类和数量
2	商品展示优化	（1）商品详情页应清晰展示商品信息，包括商品图片、规格、价格、产地等，方便消费者了解商品详情 （2）利用商品分类和搜索功能，提高用户查找商品的效率 （3）设计吸引人的促销标签和推荐语，提升商品的点击率和购买率
3	价格合理	（1）根据市场调研和成本分析的结果，制定合理的商品价格，确保线上商城的商品具有竞争力 （2）对不同商品制定不同的价格策略，例如，新品上市可采用低价促销策略，而畅销品则可以适当提高价格
4	提升服务质量	（1）提供优质的售后服务，如退换货、问题咨询等，增强消费者的购物信心 （2）定期收集用户意见，并对问题进行改进，以提升用户体验
5	数据分析与优化	（1）利用数据分析工具，对线上商城的销售数据、用户行为等进行深入分析，找出商品优化的关键点 （2）根据数据分析结果，调整商品结构、价格策略等，实现精准营销和个性化推荐

3.3 加强营销推广

（1）通过微信、微博等社交媒体平台发布优惠信息、活动预告等，吸引用户关注和参与。

（2）与网红、KOL合作，进行产品推广。

（3）开展促销活动，如满减、折扣、限时秒杀等，吸引消费者购买。

（4）确保线上商城与线下实体店的商品信息同步，方便消费者在不同渠道购买。

（5）促进线上线下业务融合，如线上下单线下自提、线下购物线上积分、线下扫码线上优惠等，提升店铺整体销售额。

3.4 物流配送

便利店线上商城的物流配送是确保顾客在线购物的重要环节。便利店应提供高效、准确、及时的物流配送服务，提升线上商城的竞争力。便利店可参考表11-4所示的措施来开展物流配送工作。

表11-4 优化物流配送工作的措施

序号	优化措施	具体说明
1	选择合适的配送方式	根据商品类型、数量和顾客需求，选择合适的配送方式。常见的配送方式有快递配送、门店自提和第三方配送等。对于急需的商品，可以选择快递配送或门店自提；对于数量大的商品，可以考虑第三方配送
2	建立高效的配送系统	便利店线上商城需要建立完善的配送系统，包括订单处理、库存管理、配送跟踪等环节。自动化和智能化的技术手段，可以提高订单处理速度和准确性，减少人为失误

序号	优化措施	具体说明
3	与可靠的物流公司合作	选择信誉良好和经验丰富的物流公司，确保商品按时、安全地送顾客手中。与物流公司建立长期稳定的合作关系，可以获得更低的价格和更优质的服务
4	提供多种配送方式	为了满足不同顾客的需求，便利店线上商城可以提供多种配送方式，例如次日达、当日达等服务
5	降低配送成本	在确保配送质量的前提下，通过合理规划配送路线、提高装载率等方式，可降低配送成本。同时，与物流公司达成合理的费用结算方式，可实现双赢
6	加强与顾客沟通	在配送过程中，加强与顾客沟通，告知顾客订单状态、预计送达时间等信息；对于出现的问题，及时与顾客协商解决，可提高顾客满意度和忠诚度

4 社区团购推广：社群力量，助力销售

4.1 什么是社区团购

社区团购是社区居民团体线上线下购物消费的行为，是依托真实社区的一种区域化、小众化、本地化、网络化的购物形式，是依托社区居民实现商品流通的新零售模式。

现阶段的社区团购以社区住户为中心，利用微信群聊、小程序、移动端APP等进行拼团预售，便利店统一收集整合用户订单后，将商品发往约定的自提点。

4.2　便利店开展社区团购

便利店开展社区团购是一种创新的商业模式，它融合了便利店的实体销售优势和社区团购的线上流量优势，为消费者提供更加便捷、高效的购物体验。在这种模式下，消费者通过线上平台下单后，可以到附近的便利店自行提取商品，也可以由便利店将商品配送到消费者指定的地址。这种方式不仅节省了消费者的时间，还提高了购物的灵活性和便利性。

4.3　社区团购的好处

对于便利店来说，社区团购具有图11-1所示的好处。

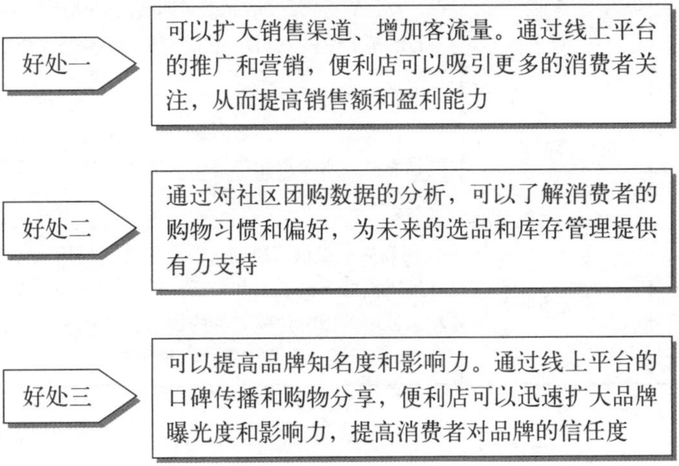

好处一	可以扩大销售渠道、增加客流量。通过线上平台的推广和营销，便利店可以吸引更多的消费者关注，从而提高销售额和盈利能力
好处二	通过对社区团购数据的分析，可以了解消费者的购物习惯和偏好，为未来的选品和库存管理提供有力支持
好处三	可以提高品牌知名度和影响力。通过线上平台的口碑传播和购物分享，便利店可以迅速扩大品牌曝光度和影响力，提高消费者对品牌的信任度

图 11-1　社区团购的好处

4.4　社区团购的步骤

社区团购的步骤如表11-5所示。

表11-5　社区团购的步骤

序号	步骤	具体说明
1	选择合适的团长	团长是社区团购的核心，便利店可以结合自身情况，选择合适的团长。团长需要具备一定的管理能力、人脉资源和购物经验，能够有效地开展团购活动并推动销售。便利店店长或社区内有一定影响力和号召力的人是比较合适的团长人选
2	确定团购商品	便利店需要选择适合团购的商品，如生鲜水果、家庭日用品等。便利店可以根据社区居民的需求和购买习惯，以及自身的供应优势来确定团购商品。同时，要保证商品的质量和新鲜度，以赢得消费者的信任和支持
3	搭建线上平台	便利店可以自己搭建线上平台，也可以与已有的社区团购平台合作。要确保线上平台具有商品展示、下单、支付等功能，方便消费者购买。同时，也要注意平台的稳定性和安全性，保障消费者的购物安全
4	进行营销推广	便利店可以利用线上平台、社交媒体等进行营销推广，吸引更多的消费者参与团购活动。还可以通过优惠券、限时折扣等营销手段来激发消费者的购买欲望
5	提供优质服务	便利店应提供优质的售前、售中和售后服务，及时解决消费者的问题和投诉，提高消费者的满意度和忠诚度。同时建立完善的顾客服务体系，组建专业的客服团队为消费者提供咨询服务

5 自有品牌开发：产品独特，提升竞争力

5.1 自有品牌开发的好处

便利店开发自有品牌的好处，具体如图11-2所示。

	好处一	自有品牌可以提升便利店的差异化竞争优势，吸引更多顾客
	好处二	通过监控生产环节，便利店可以更好地控制成本和质量
	好处三	自有品牌有助于提高顾客的忠诚度和品牌认知度，为便利店创造更多价值

图11-2 自有品牌开发的好处

5.2 自有品牌开发的步骤

便利店开发自有品牌具有多个步骤，包括市场调研、产品定位、品牌设计、生产、推广等多个环节，具体如表11-6所示。

表11-6 自有品牌开发的步骤

序号	步骤	具体说明
1	市场调研	在开发自有品牌之前，便利店需要进行市场调研，了解目标顾客的需求和偏好，确定自有品牌的潜在市场和发展空间
2	产品定位	根据市场调研结果，确定自有品牌的目标市场、价格策略和产品特点。例如，可以选择价格敏感度高、品牌敏感度较低的商品作为自有品牌的主要产品线
3	品牌设计	便利店需要为自有品牌设计一个独特且易于识别的形象，包括品牌名称、标志、包装等。品牌设计应与目标顾客的偏好和便利店的整体形象相一致
4	生产与供应链管理	便利店应与可靠的供应商或生产商合作，确保自有品牌的质量和商品供应的稳定性。同时，建立高效的供应链管理系统，降低成本并提高运营效率

序号	步骤	具体说明
5	营销推广	便利店需要制定有效的营销策略,推广自有品牌。便利店可以利用店内展示、促销活动、社交媒体营销等方式,提高自有品牌在目标市场中的知名度和影响力。此外,还可以与电商平台合作,扩大线上销售渠道

生意经

　　开发自有品牌也会面临一些挑战。便利店需要投入大量资源和资金进行市场调研、产品开发和营销推广。同时,也会与大型生产商产生竞争。因此,便利店需要综合考虑自身实力和市场环境,制定切实可行的自有品牌开发策略。

案例分享

　　××便利店为了应对激烈的市场竞争,不断拓展业务,实现多元化发展。以下是××便利店在业务拓展方面的措施。

1.生鲜食品业务拓展

　　随着消费者对健康饮食的日益重视,生鲜食品市场的潜力越来越大。因此,××便利店决定拓展生鲜食品业务,引入新鲜蔬菜、水果、肉类等食品,以满足顾客的日常需求。为了确保生鲜食品的新鲜度和品质,××便利店建立了严格的采购和供应链管理体系,并与优质供应商建立长期合作关系。同时,××便利店还提供便捷的送货上门服务,方便顾客购买。

2.餐饮服务拓展

除了传统的零售业务外，××便利店还增加了餐饮服务。便利店内设置了用餐区域，为顾客提供简餐、快餐、咖啡等食品。这些服务不仅增加了顾客的黏性，还为顾客提供了更多便利。××便利店注重食品的品质和口感，不断推出新品，以满足消费者的多样化需求。

3.金融业务拓展

为了进一步提升顾客体验，××便利店还引入了金融业务，提供自动还款、信用卡还款、转账汇款等金融服务。这些服务既方便了顾客，也增加了便利店的收入。

4.跨界合作业务拓展

××便利店积极寻求合作机会，与知名品牌联名推出特色商品，例如，与知名咖啡品牌合作推出联名咖啡产品。这些合作不仅丰富了商品种类，还提升了便利店的知名度和影响力。

5.社区服务项目拓展

为了更好地融入社区，××便利店开展了一系列社区服务项目，如代收快递、代缴水电费等服务；还定期举办社区活动，如公益捐赠、亲子互动等。这些项目不仅加强了便利店与社区的联系，还提升了店铺形象。

案例点评：

通过以上业务拓展措施，××便利店成功实现了多元化发展，并提升了市场竞争力。

这个案例告诉我们，便利店应积极探索业务拓展的新措施，注重顾客需求和市场变化，不断创新和优化服务内容，从而实现可持续发展。

第12章

风险防控与合规经营

关键词:
识别风险
有效应对
合规经营

合规经营与风险防控是便利店管理的重要组成部分。在竞争激烈的商业环境中，便利店必须应对各种风险和挑战。只有通过有效的风险管理，便利店才能提高，风险防范能力，并保持良好的店铺信誉。

【要点解读】▶▶▶ — — — — — — — — — — — — — —

1 商品安全风险防控：严格把关，确保安全

商品安全风险主要涉及商品的购进、储存、销售等环节，便利店需要采取多项措施来降低风险，确保顾客买到安全、放心的商品。

1.1 商品安全风险表现

商品安全风险主要表现在表12-1所示的几个方面。

表 12-1　商品安全风险表现

序号	风险表现	具体说明
1	供应链风险	供应商供货不及时可能导致货物短缺，或者供应商提供的商品存在质量问题，如过期、变质或不符合安全标准
2	储存风险	商品在储存过程中可能因储存环境（如温度、湿度）不当而变质或损坏
3	销售风险	在销售过程中，可能存在商品过期、被污染等情况

1.2　商品安全风险防范措施

为了降低商品安全风险，便利店可以采取表12-2所示的措施。

表 12-2　商品安全风险防范措施

序号	防范措施	具体说明
1	严格管控进货流程	选择信誉良好的供应商，并与之建立长期稳定的合作关系。同时，对购进的商品进行严格的质量检查，确保商品符合安全标准
2	优化储存环境	便利店应投入必要的资金优化储存环境，如安装温度控制设备、防潮设施等，并定期检查库存商品的状态，确保商品在储存过程中不受损害
3	加强员工培训	定期对员工进行商品安全培训，提高员工对商品安全的重视程度和识别能力。同时，实行员工责任制，明确员工在商品安全方面的职责和义务
4	完善商品管理制度	便利店应制定完善的商品管理制度，包括对商品验收、上架、销售、下架等各个环节的监管，以确保商品安全
5	建立应急预案	针对可能出现的商品安全问题，制定应急预案，明确问题商品与顾客投诉的处理流程，确保在出现问题时能够迅速、有效地应对

② 店内安全风险防范：环境安全，顾客安心

便利店在运营过程中应高度重视店内安全问题，应采取一系列有效的预防措施，降低风险发生的可能性，保障顾客和员工的人身安全和财产安全。

2.1 店内安全风险的表现

店内安全风险主要表现在表12-3所示的几个方面。

表12-3 店内安全风险表现

序号	风险表现	具体说明
1	盗窃风险	由于便利店通常存放着大量现金和商品，因此很容易成为窃贼的目标
2	火灾风险	便利店内通常有较多的电器设备和易燃物品，如果管理不当，很容易发生火灾
3	人员伤害风险	由于店内顾客和员工流动频繁，容易发生滑倒、碰撞等意外事件

2.2 店内安全风险防范措施

为了降低店内安全的风险，便利店可以采取表12-4所示的措施。

表12-4 店内安全风险防范措施

序号	防范措施	具体说明
1	安装监控设备	在店内安装高清摄像头，以便实时监控店内情况，有效防止盗窃和纠纷发生。同时，定期检查监控设备的运行情况，确保录像清晰、完整

序号	防范措施	具体说明
2	强化防火措施	定期检查电线、插座等设备的状态。同时，在店内配备灭火器等消防设施，并定期进行安全检查和培训，确保员工熟练使用消防器材
3	确保地面清洁干燥	定期清洁店内地面，并保持干燥，避免顾客和员工滑倒而受伤。在雨天或地面有水时，应及时清理并设置防滑警示牌
4	合理摆放商品和货架	商品和货架不要摆放得过于拥挤或过高，以减少商品掉落或货架倒塌的风险。合理陈列商品和摆放防盗标签，可以降低商品被盗的风险，例如，将体积小、价格高的商品摆放在收银台附近或视线范围内
5	加强员工防损意识	加强员工的防盗防损意识，提高员工的风险防范能力。如果发现可疑人员，应及时报告和处理
6	制定安全管理制度	制定严格的安全管理制度，包括员工行为规范、顾客行为准则等，提高员工和顾客的安全意识
7	定期进行风险评估	定期对店铺运营进行风险评估，识别潜在的安全隐患，并采取相应的防范措施
8	制定应急预案	针对可能的突发事件，如火灾、盗窃等，便利店应建立相应的应急预案，并定期进行演练，以确保在紧急情况下能够迅速、有效地应对

 生意经

便利店还可以通过优化顾客服务、提高商品质量等方式，提升顾客的购物体验，减少顾客不满而引发的投诉风险。同时，与周边社区建立良好的关系，共同维护社区的安全与稳定。

3 信息安全防护策略：数据保密，避免泄露

便利店在运营过程中，会接触大量的敏感信息，如顾客信息、财务数据和员工信息。如果这些信息被泄露，会导致严重的后果，如财务损失、名誉损害和法律诉讼等。因此，便利店应该采取有效的措施来确保这些信息的安全。

3.1 信息安全风险的表现

信息安全风险主要表现在表12-5所示的几个方面。

表12-5 信息安全风险表现

序号	风险表现	具体说明
1	顾客数据泄露风险	便利店在日常运营中，会收集并处理大量顾客数据，包括购物记录、个人信息等。如果这些信息没有得到妥善保护，就有可能被不法分子窃取或滥用，甚至从事违法行为
2	支付安全风险	随着电子技术的普及，便利店越来越多地采用电子支付方式进行交易。然而，支付系统若存在漏洞或被黑客攻击，就会导致交易信息被盗取，使店铺或顾客资金安全受到威胁
3	内部人员滥用信息风险	便利店员工，特别是那些能够接触敏感信息的员工，如果缺乏职业道德或经受不住诱惑，很可能会滥用或泄露顾客信息，给顾客带来损失
4	供应链信息安全风险	便利店的供应链中包括多个合作伙伴，如供应商、物流公司等。如果供应链的某个环节存在信息安全问题，就有可能影响整个便利店的安全

3.2 信息安全风险防范措施

为了降低信息安全的风险，便利店可以采取表12-6所示的措施。

表12-6　信息安全风险防范措施

序号	防范措施	具体说明
1	加强技术防范	（1）安装防火墙、入侵检测系统（IDS）和入侵防御系统（IPS）等，有效阻止外部的恶意攻击和未经授权的访问 （2）安装并定期更新防病毒软件、反恶意软件，保护便利店的系统和数据免受病毒、木马等恶意程序的侵害 （3）对重要数据进行加密处理，即使数据在传输或存储过程中被窃取，也无法被轻易解密。同时，定期备份数据，以防止数据丢失或损坏 （4）对于接触敏感信息的应用，如支付系统、会员管理系统等，应采用安全认证机制，如SSL/TLS加密通信、数字证书等，确保数据的完整性和保密性
2	完善内部管理制度	（1）制定严格的信息安全管理制度，明确员工的职责和权限，防止内部人员滥用或泄露信息 （2）对便利店内部系统和数据进行访问控制，设置不同级别的权限，确保有权限的人员才能访问敏感信息。同时，采用多因素认证方式，提高账户的安全性
3	定期开展安全培训	定期对员工进行信息安全培训，提高他们的信息安全意识。同时，让员工知道如何识别和应对网络安全威胁，避免成为不法分子的攻击目标
4	与合作伙伴建立安全机制	（1）在与合作伙伴签订合同或协议时，明确双方在信息安全方面的责任与义务，包括数据保护、访问控制、安全事件应对等，并确保双方都能严格遵守 （2）便利店与合作伙伴共享信息安全标准和政策，确保双方的信息安全管理体系相互兼容，并能共同应对潜在的安全威胁

4 财务风险预警：稳健经营，规避风险

便利店的财务风险涵盖多个方面，可直接影响店铺的盈利能力和运营效率。店主需要充分了解并应对各种财务风险，以确保店铺稳定运营。

4.1 财务风险的表现

财务风险主要表现在表12-7所示的几个方面。

表12-7 财务风险表现

序号	风险表现	具体说明
1	资金流转风险	便利店的运营需要大量的资金支持，包括进货、租金、员工工资等。如果资金流转不畅，可能会导致店铺无法及时补货、支付员工工资，甚至影响店铺的正常运营
2	投资风险	在开设便利店时，店主需要进行一系列的投资决策，如选址、装修、进货等。如果决策不当，可能会导致投资失利，甚至亏损
3	供应链风险	供应链的稳定性直接关系便利店的货物供应和成本控制。如果供应链出现问题，如供应商违约、物流延迟等，可能会导致便利店缺货或者商品成本过高，从而影响盈利
4	库存管理风险	库存管理对于便利店来说至关重要。过多的库存会占用大量资金，降低资金周转率；而库存不足则可能导致无法满足顾客需求，影响销售业绩
5	收益分配风险	便利店的收益分配也是一个需要关注的风险点。如果收益分配不合理，可能会影响员工的积极性和店铺的长期发展

4.2 财务风险防范措施

为了降低财务风险，便利店可以采取表12-8所示的措施。

表12-8　财务风险防范措施

序号	防范措施	具体说明
1	建立健全财务管理制度	制定明确的财务管理制度，包括资金使用、报销、审批等流程，确保财务活动的合规性和规范性。同时，定期进行财务审计，确保账目清晰、准确
2	加强资金管理	密切关注店铺的资金流入和流出情况，确保资金流稳定和顺畅。合理安排资金的使用，避免资金短缺或过度积压，提高资金的使用效率
3	科学选址与合理布局	在选址时要充分考虑客流量、竞争对手、交通便利性等因素，确保店铺能够吸引足够多的顾客。同时，在店铺布局上，要合理规划商品和货架摆放，提高商品的销售率，减少库存积压
4	严格控制进货成本	与供应商建立良好的合作关系，确保商品的供应与质量。定期进行市场调查，了解同行业价格水平，制定合理的进货策略，降低进货成本
5	加强库存管理	建立完善的库存管理制度，定期进行库存盘点和清查，确保库存商品的准确性和完整性。同时，根据销售数据和市场需求，合理调整库存结构，避免库存积压和浪费
6	提高员工财务风险意识	加强员工对财务风险的认识和防范意识，定期进行财务风险培训，使员工能够识别和应对潜在的财务风险
7	建立风险预警机制	通过设定财务风险预警指标，如资产负债率、流动比率等，及时监测和预警财务风险。一旦发现财务风险，要立即采取措施进行应对

5　合规经营策略：遵守法规，稳健前行

便利店的合规运营是可持续发展的基石。为确保合规性，便利店需要从多个方面进行考量和管理，具体如表12-9所示。

表12-9　便利店合规运营的措施

序号	管理措施	具体说明
1	必须遵守国家和地方的法律法规	包括但不限于《食品安全法》《消费者权益保护法》《商标法》《劳动法》等。在商品采购、销售、陈列以及员工管理等方面，便利店要严格遵守相关法规，确保经营活动合法合规
2	需要关注税务和财务方面的规定	包括按时缴纳税款、遵守会计准则、开展财务审计等。便利店应建立健全财务管理制度，确保财务数据的真实性和准确性，避免财务造假和偷税漏税等违法行为
3	注意保护知识产权	在商品销售、广告宣传等活动中，便利店应尊重他人的知识产权，不得侵犯他人的商标、专利、著作等权益。同时，便利店也应加强自身的知识产权保护意识，及时申请专利或注册商标
4	关注环境保护和社会责任	便利店在运营过程中应注重环境保护和履行社会责任，例如，减少环境污染、合理利用资源、支持公益事业等

生意经

在员工管理方面，便利店应遵守劳动法律法规，保障员工的合法权益，包括与员工签订劳动合同、按时支付工资、提供必要的劳动保护等。便利店还应加强员工的培训和教育，提高员工的法律意识和合规意识。

××便利店在经营过程中，高度重视风险防控与合规管理，通过制定严格的制度和流程，有效降低了潜在风险，确保了运营的合规性和稳健性。以下是××便利店在风险防控与合规经营的措施。

1.食品安全风险防控

食品安全是便利店经营的核心风险之一。××便利店建立了严格的食品安全管理制度，对供应商选择，商品采购、储存、加工及销售等环节，都制定了详细的操作规范和质量标准。××便利店定期对供应商进行评估，确保供应商具备相应的资质和信誉；对商品进行严格的质量检查，确保食品安全和卫生；加强员工的食品安全培训，提高员工的食品安全意识和操作技能。

2.资金安全风险防控

资金安全是便利店经营的重要风险。××便利店建立了完善的资金管理制度，通过银行转账、电子支付等方式进行资金结算，避免了现金交易的风险。同时，定期对各类账务进行核对和审计，确保资金的准确性和安全性。

3.知识产权保护

随着市场竞争的加剧，知识产权保护成为便利店合规经营的重要一环。××便利店注重自有品牌的研发和保护，对商品的外观设计、包装设计等进行了商标注册和专利申请。同时，加强对知识产权侵权行为的监测和打击，与相关部门合作，共同维护市场秩序。

4.合规经营与配合监管

××便利店严格遵守国家法律法规和行业标准，积极配合相关部门的监管工作，定期向相关部门报送经营数据，主动接受监管部

门的检查和指导。对于监管部门提出的问题和建议，××便利店积极整改，确保业务的合法合规。

5.应急预案与风险管理

××便利店还制定了详细的应急预案和风险管理计划，以应对可能出现的各种风险事件。××便利店定期组织员工进行应急演练和培训，提高员工的风险应对能力；同时，还建立了风险预警机制，对可能出现的风险进行监测和预警，确保店铺及时采取应对措施，降低风险损失。

案例点评：

通过以上风险防控与合规管理措施，××便利店成功降低了各类风险，确保了店铺稳定运营。

这个案例告诉我们，便利店在经营过程中需要高度重视风险防控与合规管理，应制定严格的制度和流程，加强员工培训和管理，积极配合相关部门的监督检查，以确保店铺的可持续发展。

第13章

持续发展与扩张

便利店的持续发展与扩张是一个相辅相成的过程，需要精心规划、有效执行和持续创新。通过制定科学的发展规划和扩张策略，并不断优化和调整，便利店可以实现持续的发展、稳健的扩张，并提升市场竞争力。

【要点解读】▶▶▶ -

1 商品结构优化：精准定位，满足新需求

优化便利店的商品结构非常重要。便利店应不断优化商品结构，满足消费者的需求，实现持续发展的目标，具体措施如表13-1所示。

表13-1 优化商品结构的措施

序号	优化措施	具体说明
1	分析顾客需求	（1）通过市场调研、问卷调查或顾客访谈等方式，了解顾客的购物习惯、需求和偏好 （2）分析不同年龄、性别和职业群体的消费特点，以便针对不同顾客群体提供不同的商品
2	分析销售数据	（1）定期分析销售数据，了解哪些商品畅销，哪些商品滞销 （2）根据销售数据调整商品库存，确保畅销商品充足，并减少滞销商品的库存
3	商品分类与布局	（1）合理划分商品区域，如食品区、饮料区、日用品区等，方便顾客选购 （2）将畅销商品和高利润商品放置在显眼位置，提高销售机会
4	引入新品与淘汰旧品	（1）根据市场趋势和顾客需求，定期引入新品，增加商品多样性 （2）对长期滞销或过期商品进行淘汰，保持商品的新鲜度和吸引力
5	优化商品组合	（1）针对不同消费群体和场合，提供不同价位、品质和功能的商品组合 （2）搭配销售，如将相关商品放在一起、提供套餐优惠等，提高客单价
6	关注市场动态与竞争对手	（1）密切关注市场动态，了解行业发展趋势和新兴商品 （2）分析竞争对手的商品结构和价格策略，以便调整自己的商品结构
7	定期评估与调整	（1）设定评估周期，如每季度或每半年，对商品结构进行一次全面评估 （2）根据评估结果和市场变化，及时调整商品结构，以适应顾客需求和市场发展趋势

滞销品处理策略

1.降价促销

最常见的方法就是将滞销商品的价格降低，吸引顾客购买。多数消费者往往会因为价格低而去购买某件商品。但是，如果降价并没有使销量显著提高，那就要考虑采用其他方法了。

2.捆绑销售

捆绑销售也是一个不错的选择。一些滞销的商品，不仅会降低货架的利用率，还会占用畅销品的展示空间。利用畅销商品的知名度拉动滞销品，不仅可以提高顾客的购买意愿和客单价，也可以促进滞销商品的销售，降低库存压力。

3.赠品促销

将滞销商品当作赠品送给购买其他商品的顾客，也是一种处理滞销商品的方法。这样在清除滞销商品同时，也可以带动其他商品的销售。

4.捐赠

有时，滞销商品无法销售了，那么便利店可以考虑将其捐赠给慈善机构或救援组织。这样不仅可以减轻库存压力，还可以帮助社区和慈善机构。便利店有时也可以与当地儿童医院和福利院合作，捐赠一些商品，既为社会作出了贡献，也为店铺树立了良好的形象。

5.留待下次销售

一些季节性的商品，可能要在特定的时间才能销售。便利店可以将这些商品先下架，留待下次销售。

2 服务质量再提升：贴心服务，赢得顾客

便利店是一个服务行业，提升顾客服务是其生存和发展的关键。只有不断优化和升级服务质量，才能吸引更多的消费者，提升店铺的市场竞争力。因此，便利店应该把顾客服务放在重要的位置。

一般来说，便利店可参考图13-1所示的措施来提升服务质量。

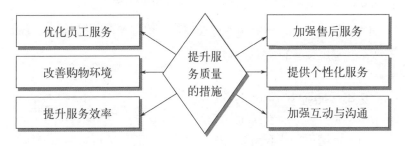

图13-1　提升服务质量的措施

2.1　优化员工服务

（1）提高员工素质。加强员工培训，包括商品知识、服务技巧、沟通礼仪等内容，确保员工能够提供专业、优质的服务。

（2）提升服务意识。强调"顾客至上"的服务理念，鼓励员工

主动帮助顾客，提供及时、周到的服务。

2.2 改善购物环境

（1）保持店面整洁。定期清洁店内环境，保持货架、地面、门窗干净整洁，营造舒适的购物氛围。

（2）优化商品布局。根据商品种类和销量，合理规划货架布局，确保顾客能够快速找到所需商品。

（3）使用清晰的标识和指示牌。在店内设置明显的指示牌和商品标签，减少顾客的寻找时间。

2.3 提升服务效率

（1）优化收银流程。采用快速、高效的收银系统，减少顾客等待时间；同时提供多种支付方式，满足顾客的不同需求。

（2）提供自助服务。引入自助结账、自助查询等设备，提高服务效率，满足顾客的个性化需求。

2.4 加强售后服务

（1）完善退换货政策。明确退换货的流程，确保顾客退换货能够得到及时、有效的处理。

（2）建立顾客反馈机制。设立顾客意见箱或在线反馈渠道，收集顾客的意见和建议，及时改进服务质量。

2.5 提供个性化服务

（1）了解顾客需求。通过会员卡数据、购物记录，收集顾客信息，了解他们的购物习惯和喜好。

（2）提供个性化服务。根据顾客需求，提供个性化的商品营销、优惠活动或会员特权，增强顾客的归属感和忠诚度。

2.6　加强互动与沟通

（1）开展促销活动。定期举办各类促销活动，吸引顾客参与，与顾客加强互动和沟通。

（2）设立沟通渠道。通过微信、微博等社交媒体平台，发布商品信息、优惠活动通知等内容，与顾客保持实时互动。

3　品牌建设新高度：品牌力量，引领潮流

便利店要实现持续发展，品牌建设是不可或缺的一环。品牌建设不仅有助于提升店铺形象和知名度，还能增强顾客的忠诚度，为便利店创造更大的价值，具体措施如图13-2所示。

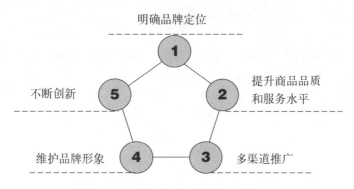

图13-2　品牌建设的措施

3.1　明确品牌定位

便利店应明确自身的品牌定位和目标顾客群体。便利店应该基于店铺的特色、优势以及市场需求，确定独特的品牌形象。同时，要深入了解目标顾客的需求和偏好，更好地满足他们的期望。

3.2　提升商品品质和服务水平

便利店应注重提升商品品质和服务水平。优质的商品和贴心的服务是品牌建设的基础。便利店应严格管控商品质量，确保所售商品符合安全、健康、环保等标准。同时，提升员工的服务意识和技能，为顾客提供热情、周到的服务，提升顾客的购物体验。

3.3　多渠道推广

便利店可以通过多种渠道进行品牌推广。例如，利用社交媒体、网络平台等线上渠道进行宣传，扩大品牌知名度。同时，利用线下活动，如促销活动、社区活动等，增强与顾客之间的互动和交流。

3.4　维护品牌形象

在品牌建设过程中，便利店还应注重维护品牌形象，包括及时处理顾客的投诉和建议，积极履行社会责任等，确保店铺始终保持积极、正面的品牌形象。

3.5　不断创新

便利店应不断创新，寻求差异化竞争优势。在品牌建设上，可以尝试探索新的营销策略、店面设计或商品组合，使品牌在激烈的市场竞争中脱颖而出。

4 智能技术应用：科技助力，提升效率

引入智能技术是便利店稳定运营的必然趋势。智能技术的应用不仅能提升便利店的运营效率，优化顾客体验，还能帮助便利店更好地应对市场竞争，实现可持续发展。

4.1 智能技术可以用于便利店的商品管理

例如，采用RFID（无线射频识别）技术，便利店可以实现对商品的自动识别、跟踪和管理，从而确保库存的准确性和稳定性。此外，智能货架系统也能够实时监测商品的库存情况，避免了缺货或积压等问题。

4.2 智能技术可以提升便利店的销售效率

借助大数据分析，便利店可以精准地了解消费者的购买习惯和偏好，从而提供个性化的服务。此外，智能收银系统也可以快速处理交易，减少顾客的等待时间，提升顾客的购物体验。

4.3 智能技术对便利店的安全运营起到了重要的保障作用

例如，通过安装智能监控系统和报警装置，便利店可以实时监控店内情况，及时发现并处理异常问题，确保了顾客和员工的安全。

4.4　智能技术可以帮助便利店实现线上线下融合

通过移动应用或小程序，便利店可以提供在线购物、会员管理、积分兑换等服务，从而吸引更多的线上顾客。同时，借助智能物流系统，便利店可以实现快速配送，满足消费者的即时需求。

4.5　智能技术有助于便利店节能减排，实现绿色发展

例如，采用智能照明系统，便利店可以自动调节灯光亮度，节约能源。同时，采用环保材料和节能设备，也可以降低便利店对环境的污染。

综上所述，智能技术对于便利店的可持续发展具有重要意义，便利店应该积极引入智能技术，不断创新和改进，以适应市场的变化和消费者的需求。

5　成本控制新举措：精打细算，实现盈利

便利店要实现持续发展，成本控制是一个核心环节。便利店可采用表13-2所示的措施来实现成本的有效控制，为店铺的长期发展奠定坚实基础。

表13-2　成本控制的措施

序号	控制措施	具体说明
1	优化采购管理	便利店需要与供应商建立长期稳定的合作关系，确保商品的质量与供应。同时，通过集中采购、定期谈判等方式，降低采购成本。此外，优化物流管理，减少运输和仓储成本，也是提升供应链效率的关键

序号	控制措施	具体说明
2	精细化库存管理	通过科学的库存管理，可实现库存的实时监控和预警，避免库存积压和浪费，确保商品的新鲜度和周转率，并降低库存成本
3	节约能源与降低运营费用	便利店可以采用节能设备，合理控制照明和空调的使用时间，从而降低能源消耗。同时，优化店内布局，提高空间利用率，减少不必要的装修和维护费用
4	提高员工工作效率与业务水平	通过定期培训、建立激励机制等方式，提高员工的业务水平和工作效率。同时，建立健全管理制度，规范员工行为，减少不必要的失误
5	采用数字化技术	借助大数据、人工智能等数字化技术，对销售数据、顾客行为等进行深入分析，为店铺决策提供支持。通过精准营销、个性化服务等方式，提高顾客满意度和忠诚度，从而降低营销成本
6	合理控制租金与人工成本	在选址时充分考虑客流量、交通便利性等因素，合理控制租金成本。同时，根据店铺规模和销售情况，合理配置员工数量，避免人员浪费

6　环保理念践行：绿色经营，共筑未来

便利店可以采取图13-3所示的措施来减少对环境的污染。

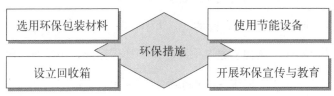

图13-3　环保措施

6.1 选用环保包装材料

便利店应选用环保包装材料，如可降解塑料袋、纸质包装袋和环保餐盒等，来替代传统的塑料包装。同时，鼓励消费者采用低碳环保的购物方式，减少一次性塑料袋的使用量。

6.2 设立回收箱

便利店可以设立回收箱，将顾客使用过的塑料瓶、易拉罐等物品进行回收。这些回收物品经过进一步加工处理，可实现资源的再利用，减少环境污染。

6.3 使用节能设备

便利店可以使用节能设备，如节能灯具、节能空调等设备，减少能源的消耗。同时，通过合理的布局和陈列设计，可以提高店铺的空间利用率，减少不必要的装修，降低资源浪费。

6.4 开展环保宣传与教育

便利店还可以开展环保宣传和教育活动，提高员工和顾客的环保意识。例如，在店内设置环保宣传栏，展示环保知识和案例；或者组织开展环保主题的公益活动，吸引更多人参与到环保事业中来。

综上所述，便利店通过采取一系列环保措施，不仅可以降低对环境的污染，也可以提高店铺的形象和竞争力，同时，还可以推动整个社会的环保事业向前发展。

7 供应链优化升级：高效协同，提升竞争力

供应链优化是便利店扩张过程的关键环节。具体来说，便利店应从供应商管理、物流优化、库存管理、信息化与数字化管理以及协同合作等方面入手，全面优化供应链，提升店铺竞争力。

7.1 供应商管理

（1）严格筛选供应商。在扩张过程中，便利店应注重与信誉良好和质量稳定的供应商建立长期合作关系。并定期评估供应商的交货准时率、产品质量、价格等，确保店铺商品供应的稳定性。

（2）多元化供应策略。为降低单一供应商带来的风险，便利店应寻求与多个供应商合作，确保货源的多样性和稳定性。

7.2 物流优化

（1）合理规划运输路线。根据店铺的位置和顾客需求，合理规划运输路线，减少运输时间和成本。利用先进的物流管理系统，实时监控运输状态，确保商品按时送达。

（2）采用先进的物流技术。通过先进的物流技术，如无人机配送、自动化仓库等，提高物流效率，降低运营成本。

7.3 库存管理

（1）实时监控库存。引入先进的库存管理系统，实时监控各店铺的库存情况，避免缺货或库存积压。根据销售数据和市场需求，

制订合理的库存计划。

（2）预测技术应用。利用大数据和人工智能技术，对销售趋势进行预测，可以制订更合理的库存计划，降低库存成本。

7.4　信息化与数字化管理

（1）建立信息化平台。通过建立供应链信息化平台，整合供应商、物流、库存等各环节的信息，实现信息共享和协同作业。

（2）运用数字化技术。引入物联网、区块链等数字化技术，提高供应链的透明度和可追溯性，降低运营风险。

7.5　协同合作

（1）加强部门间沟通。便利店各部门之间应加强沟通与协作，确保信息传递畅通无阻。

（2）与供应商协同。与供应商建立紧密的合作关系，共同应对市场变化，实现共赢。

8　管理标准化与差异化：标准化运营，差异化竞争

便利店扩张过程中，管理标准化与差异化是相辅相成的，旨在确保新店铺顺利运营，更好地满足不同地区消费者的需求。

8.1　管理标准化

管理标准化主要体现在图13-4所示的几个方面。

1	统一的运营模式	便利店的扩张应采用相同的运营模式和服务标准，确保顾客在哪家店铺都能获得一致的消费体验
2	统一的商品管理	便利店应建立统一的商品管理体系，包括采购、库存、陈列和定价等，确保商品质量和供应的稳定性
3	标准化的员工培训	通过标准化的培训，确保员工具备统一的服务技能和业务水平，从而提高整体服务质量

图13-4　管理标准化的体现

8.2　管理差异化

当然，标准化管理可能无法满足不同消费者的多样化需求，因此差异化管理应运而生。差异化管理主要体现在图13-5所示的几个方面。

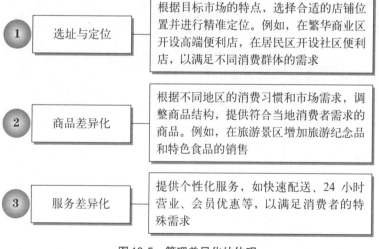

1	选址与定位	根据目标市场的特点，选择合适的店铺位置并进行精准定位。例如，在繁华商业区开设高端便利店，在居民区开设社区便利店，以满足不同消费群体的需求
2	商品差异化	根据不同地区的消费习惯和市场需求，调整商品结构，提供符合当地消费者需求的商品。例如，在旅游景区增加旅游纪念品和特色食品的销售
3	服务差异化	提供个性化服务，如快速配送、24小时营业、会员优惠等，以满足消费者的特殊需求

图13-5　管理差异化的体现

在便利店扩张过程中，标准化管理，可以确保便利店的运营质量和效率；而差异化策略，则可以提升便利店的市场竞争力。因此，便利店应根据实际情况灵活运用标准化与差异化管理策略，以实现最佳的运营效果。

9 风险防范新策略：全面布控，稳健前行

便利店扩张过程中，风险管理是一项复杂且关键的任务，便利店应从选址、供应链、运营、财务和法律等多个方面入手，制定全面的风险防范策略，确保便利店扩张顺利进行，具体如表13-3所示。

表13-3 便利店扩张的风险防范措施

序号	风险类型	防范措施
1	选址风险	（1）深入开展市场调研：在扩张前，对目标市场进行深入的市场调研，了解当地消费者的需求、消费习惯，竞争对手情况，以及政策规定等，确保选址决策的科学性和合理性 （2）选址科学评估：不要选择面积小、招牌曝光率低的位置。同时，考虑人流量、交通便利性、周边业态等因素，选择具有潜力的地点
2	供应链风险	（1）与多个供应商合作：与多个优质供应商建立长期合作关系，确保货源稳定，降低单一供应商带来的缺货风险 （2）定期开展质量检查：对供应商提供的商品定期进行质量检查，确保商品质量符合标准
3	运营风险	（1）标准化管理：制定统一的运营标准和管理制度，确保各店铺在商品陈列、经营模式、营销策略等方面保持一致 （2）员工培训与考核：加强员工培训，提高员工的服务水平。同时，建立考核机制，激励员工积极工作，提升店铺整体运营效率

序号	风险类型	防范措施
4	财务风险	(1) 合理的预算与资金计划：制订详细的预算和资金计划，确保资金充足并合理使用。同时，关注资金流转情况，及时调整经营策略 (2) 风险预警机制：建立财务风险预警机制，及时发现潜在的财务风险，避免资金链断裂等事件发生
5	法律风险	(1) 遵守法律法规：严格遵守国家的法律法规和政策规定，相关证照齐全，确保便利店经营的合法性 (2) 保护消费者权益：加强商品质量管控，保障消费者权益。同时，建立完善的售后服务体系，提升消费者的满意度

生意经

便利店在扩张过程中，要确保所有门店都遵守相关法律法规和行业规范，如食品安全、消费者权益保护等。同时定期对门店进行检查，确保合规经营。

案例分享

××便利店自创立以来，一直致力于提供优质的顾客服务，并通过持续的发展与扩张，成功在激烈的市场竞争中占据了一席之地。以下是××便利店在持续发展与扩张中采取的措施。

1.保持核心优势，优化服务质量

××便利店始终坚持以顾客为中心，不断优化服务质量。通过深入了解顾客需求，提供多样化的商品选择，满足顾客的日常需求。同时，注重提升店内环境和服务质量，营造舒适、温馨的购物氛围。

2.积极拓展门店网络，实现规模化发展

为了实现规模化发展，××便利店积极拓展门店网络，通过市场调研和选址评估，选择客流量大、消费能力强的区域开设新店。同时，积极寻找合作伙伴，通过加盟、合作等方式，快速提升门店数量。

3.创新业务模式，扩大收入来源

××便利店在保持传统零售业务的同时，积极探索新的业务模式，扩大收入来源，引入了生鲜食品、餐饮服务、金融服务等多元化业务，为顾客提供一站式服务。此外，还开展了线上业务，通过电商平台和自建APP，实现了线上线下销售融合发展。

4.强化品牌建设和营销推广

××便利店注重品牌建设和营销推广。他们通过统一的品牌形象设计、广告宣传和促销活动，提升了店铺的知名度和美誉度。同时，积极开展跨界合作和品牌联名活动，与知名品牌联合推出特色商品，吸引更多消费者的关注。

5.加强供应链管理和技术创新

为了确保商品品质和供应的稳定性，××便利店加强供应链管理，与优质供应商建立了长期合作关系，实现了商品的统一采购和配送。此外，便利店还积极引进创新技术，如智能收银系统、大数据分析软件等，提升了店铺的运营效率和管理水平。

案例点评：

通过以上实践，××便利店实现了持续发展与店铺扩张，成为市场中的佼佼者。

这个案例告诉我们，便利店在持续发展与扩张过程中，需要保持核心优势、优化服务质量、拓展门店网络、创新业务模式、强化品牌建设和营销推广，以及加强供应链管理和技术创新，以实现可持续发展，并提升市场竞争优势。